지방이 블루 오션이다

지방이 블루 오션이다

지방이 블루 오션이다

ⓒ 2006, 이민원

초판 1쇄	2006. 3. 13.
초판 2쇄	2012. 1. 9.

지 은 이	이민원
펴 낸 이	이태준
책임편집	김 현
마 케 팅	박상철
관 리	김수연
디 자 인	이은혜
펴 낸 곳	도서출판 문화유람

등 록	2002. 10. 18(제17-332호)
주 소	서울시 마포구 서교동 392-4 삼양빌딩 2층
전 화	02) 486 - 0385
팩 스	02) 474 - 1413

E - mail	insa1998@gmail.com

값 13,000원

ISBN 89 - 91945 - 01 - 5 03320

파손된 책은 교환해 드립니다.

지방이 블루오션 이다

이민원 지음

문화유람

머리말

시대의 패러다임과 개인의 가치관 그리고 국가의 의미가 달라지고 있다. 어느 나라에서 만들었는가(made in)에서 어느 기업이 만들었느냐(made by)로 관심이 바뀌고 있다. 외국에서 우리나라 기업의 공장을 발견하고 감격하던 사람들은 이제 국내에 세워진 외국 기업의 공장을 보고 감격한다. 대도시의 화려한 불빛에 열광하던 관광객들은 이제 조그마한 지방에 보존된 전통 풍물을 음미한다. 값비싼 외제 승용차에 과거의 차가운 눈초리가 쏟아지지 않는다.

선진국들은 지금의 그들을 만들고 지탱해 준 과거의 정치, 경제 시스템에 연연하지 않고 새로운 틀을 과감히 만들어 수용하고 있다. 그런 나라들의 정부·대학·기업 들은 과거에 형성된 자신들에 대한 고정관념을 깨뜨리고 있다. 국가와 지방 사이의 역할도 다시 정립하고 있다. 지방에서는 국가가 아무리 부강하더라도 국가가 지방과 지방민들을 책임질 수 없음을 이해한다. 국가 전체가 부강하다고 해도 내가 사는 지역이 매력이 있고, 나의 생산성이 높아야 내가 높은 소득을 누릴 수 있기 때문이다.

이제 정부와 지방 정부는 군림하는 곳이 아니라 서비스 용역업체다. 지역의 대학은 자신의 지식과 기술을 지역 사회와 주고받는 지역 발전의 플랫폼이다. 지역의 기업들은 지역 사회에 축적된 인적 자원과 기술을 활용하여 지역 발전을 견인하는 기관차다. 이제 지방의 일은 지방이 책임지는 세상인 것이다. 동서양을 막론하며 불고 있는 지역 혁신의 강풍이 바로 그런 움직임의 결과다.

세상이란 늘 소소한 변화를 겪고 있지만, 이번의 것은 그 차원이 다른 것 같다. 수렵채집 사회가 농경 사회로 바뀌고, 농경 사회가 산업 사회로 바뀐 것만큼 중요하고도 거대한 변화가 일어나고 있다. 그 변화의 핵심은 다음과 같은 것들이다.

첫째, 감성의 시대가 열리고 있다. 오늘날과 같은 정보화 사회에서 사회 구성원들이 갖는 이성 능력은 서로간에 동일하다고 보아도 큰 무리는 아니다. 그러니 차별화의 요체는 감성이다. 그래서 제품 선택에서 이성의 '기능'보다는 감성의 '디자인'이 소비자에게는 중요하다. 새마을 운동의 슬레이트 지붕보다는 전통의 초가 지붕이 인간의 감성을 건드린다. 기능적으로 모두가 동일한 이성의 대도시보다는 고유의 전통이 있는 감성의 지방이 어필한다. 지금은 이성의 기술이 넘쳐나는 시대이니, 감성의 콘텐츠가 풍부한 지방이 중요해진다. 그리고 변화하는 시대에 맞추어 우리가 변화하려면 지역과 개인이 움직여야 한다. 그러나 이성으로는 움직이지 않는다. 역시 감성의 격동이 중요한 이유다.

둘째, 다양성의 시대가 열리고 있다. 중앙 집중형 시대에는 규모로 승부하고 살았다. 소수의 상품을 대량 생산하여 원가를 절감해 경제를 꾸려갔던 것이다. 그러나 감성의 시대에는 오로지 효율로만 단장한 단순한 재화들이 통하지 않는다. 감성에 어필하는 콘텐츠를 풍부하게 가지고 있는 지방에 온갖 역할이 요구될 텐데, 지방이 아무런 준비를 하지 않고 있어서야 되겠는가.

셋째, 스피드 시대가 열리고 있다. 규모로 승부하던 중앙 집중형 시대에는 큰 것이 작은 것을 먹고살았다. 그러나 오늘날처럼 정보가 만인에게 개방된 시대에는 빠른 것이 느린 것을 먹고산다. 그런데 중앙 집중의 비대한 몸집으로 스피드 시대에 살아남을 수 있겠는가.

넷째, 네트워크의 시대가 열리고 있다. 개인, 제품, 지역 모두 그 가치는 자신과 연결된 네트워크의 숫자와 품질에 의해 결정되는 시대다. 다양한 지방을 키워 세계와 연결시키면 국가의 가치가 상승한다.

다섯째, 세계화의 시대가 본격화되고 있다. 세계를 활용해야 살아남는 시대다. 세계는 다양하다. 다양한 세계를 충족시키려면 지방을 살려 다양화를 꾀해야 한다. 수도권 하나만이 아닌 다양한 지방을 터전삼아 세계로 나가야 한다.

여섯째, 노마드(nomad, 유목)의 시대가 열리고 있다. 노마드의 시대는 개선보다는 창조의 시대다. 문제가 생기면 현 상태를 고수하며 문제점을 개선하지 않고 아예 새로운 곳으로 가서 가능성을 창조해 내는 것이다. 중앙 집중 시대에는 현 상태의 효율을 증가시키는 개선이 미덕이었다. 그러나 이제는 창조가 미덕이다. 다행히 우리에게는 지방이라는 새로운 창조의 공간이 있다. 노마드의 시대에는 모든 곳이 삶의 터전이다. 중앙에 머물지 않고 지방을 활용해야 한다. 우리가 지금 머무르고 있는 곳은 베이스 캠프에 불과하다. 캠프에서 영원히 머무르면 아무것도 이루지 못한다. 지금까지는 서울로의 노마드로 한국 부흥을 이루었다면 앞으로는 지방과 세계로의 노마드로 활로를 개척해야 한다.

일곱째, 이렇게 변화하는 시대에 맞추어 혁신의 시대가 열리고 있다. 과거의 고착으로부터 벗어나는 혁신, 변화를 위해 협력하는 혁신, 새로움을 창조하는 혁신이 필요하다. 이를 위해서는 보다 분권화하고 유연한 체제가 필요하다. 그래서 우리에게는 중앙 집권화된 체제보다는 분권화된 체제가 필요하다.

여덟째, 이상에서 언급한 모든 변화를 한마디로 말하면 탈중앙화이다. 중앙 집중의 열매는 개인과 지방의 생산성을 올려놓지 못하는 한 개인과 지방의 삶과는 별 관계가 없다. 국가 전체적인 중앙 집중형 생산성 향상 운동에 의한 근대화는 다양화·감성화·스피드를 추구하는 미래 시대는 적합하지 않다.

그러나 지금 우리는 중앙 집중이라는 과거의 유산을 지키려 하고 있다. 세계는 지금 각 국가마다 독특한 특성으로 무장하여 온갖 경쟁력을 갖춘 지방으로 승부하고 있는데, 서울은 지방에서 몰려오는 인구와 자원의 압력 덕분으로 근근이 생계를 유지하려 하고, 지방은 중앙 정부 지원만 바라고 자립의 노력을 하지 않는다면 우리나라의 앞길은 아득하기만 하다.

이 책의 배경

격동하는 세계에의 적응을 가로막는 중앙 집권 체제와 그로 인한 중앙 집중의 폐해는 정치 · 경제 · 사회 · 문화 등 온갖 영역에 걸쳐 있다. 이 책은 중앙 집권과 중앙 집중으로 인한 폐해를 지방 분권과 균형 발전 정책으로 극복해 가자는 절규다. 나는 그간 지방 분권과 균형 발전을 위한 사회 운동에 가담해 왔다. 그런 인연으로 이 나라를 지방화로 살려낼 방안을 모색하는 여러 자리에 참여해 왔다.

지방 분권과 균형 발전을 추구하는 모임에, 중앙 정부의 지원이 끊길까 염려하여 지방 분권을 거부하는 지방에, 지방에 돈을 더 빼앗길까 염려하는 중앙 정부 인사들과의 면담자리에, 지방 분권과 균형 발전에 대한 각종 방송 토론회장에, 지방화특별법 찬성을 부탁하러 국회의원 회관에, 행정 도시 건설과 공공 기관 이전을 지켜내는 모임의 자리에, 전국 각 지역의 지역 혁신 리더들과의 만남의 자리에 ······.

이 책은 그런 자리에서 내가 온 힘을 다해 토해냈던 간절한 호소다. 나는 이 책을 결코 책상머리에서 쓰지 않았다. 지방화 운동을 하는 동안 내가 보고 겪은 대부분을 지방화와 연결하여 축적시켰다. 책을 읽을 때든 영화를 볼 때든 지방 분권과 균형 발전을 연상하면서 살았다. 이 책은 그렇게 하여 축적된 지난 5년간의 지방화를 위한 노력의 산물이다.

이제 행정 도시 건설도 위헌의 고비를 넘기고 이에 따라 지방민들이 그렇게도 고대하는 공공 기관 지방 이전과 혁신 도시도 서서히 정리되어 간다. 아직도 넘어야 할 산이 첩첩하지만 한시름을 놓으면서 이 책을 만들어 세상에 내놓는다.

이 책의 구성

나는 지역 발전 단계를 4단계로 나눌 수 있다고 생각한다.

1단계는 지방의 중앙 정부에 대한 의존 단계이다. 모든 개도국이 그러하지는 않지만 개도국이 국민을 절대 빈곤에서 헤어나게 할 비방을 세워 중앙 집권적으로 나라를 통치해 가는 경우에 발견될 수 있다. 그 정책이 성공하면 지방은 중앙 정부의 정책에 의존하여 발전한다. 그러나 이 단계는 일정 한도를 지나면 발전이 벽에 부딪힌다.

2단계는 중앙 정부에 대한 의존을 탈피하는 독립 준비 기간이다. 지방이 중앙 정부에게서 독립하였을 때 나타날 수 있는 부작용을 미리 예방하기 위하여 지역간 균형 발전의 초석을 다지는 단계다. 공공 기관의 지방 이전 등의 분산 정책과 지역의 혁신 역량 강화 프로그램이 시작된다. 이 단계에서 지방으로의 분권이 병행하여 이루어져야 지방이 독립의 훈련을 할 수 있다. 중진국의 단계이다.

　3단계에서는 지방이 중앙 정부로부터 완전 독립하여 스스로 발전한다. 지방 분권이 완전히 이루어지며 지역의 혁신 체계가 완전히 갖추어진다. 선진국이 갖추어야 할 덕목이다.

　4단계에서는 각 지역간 계층간에 갈등이 해소되고 협력이 이루어져 상생하는 복지 사회가 만들어진다.

지역 발전 단계

	1단계	2단계	3단계	4단계
단계명	의존	독립 준비	독립	상생
정책 특성	중앙 집권	통합 발전	지방 분권	협력 · 복지
국가 위상	개발 도상국	중진국	선진국	고도 선진국

　지금 우리는 1단계에서 2단계로 이행하는 중이다. 우리나라의 위상으로 보면 3단계에서 4단계로 이행하여야 한다. 우리는 이미 너무 늦게 지방화를 시작하고 있는 것이다. 늦었다고 생각할 때가 가장 빠른 때라고 하였으니 하루빨리 2단계를 완성하고 3단계, 4단계로 진행하여야 한다.

　이 책은 국가적 위상으로는 3단계인 우리나라가 정책적 특성으로는 1단계에 머무르고 있어서 야기되는 각종 폐해에서부터 우리가 궁극적으로 도달해야 할 4단계에 이르기까지의 과정을 다룰 것이다.

　이 책의 구성은 크게 3편으로 구성되어 있다. 제1편에서는 세계의 움직임과는 동떨어지게 중앙 집중에 몰입해서 우리가 처하게 된 위기의 모습을 살핀다. 제2편에서는 지방 분권과 분산의 원리를 위기 탈출의 돌파구로 제시한다. 왜 분권과 분산이 우리의 위기를 해결해 주는가를 보여주고, 그 메커니즘을 실천하는 원칙으로서 약점보완 원칙과 강점강화 원칙을 제시한다. 위 두 가지 원칙은 이 책의 본론인 실천 부분에서 배경 원리로 사용된다. 제3편은 이 책의 본론으로서 분권과 분산의 원리가 실천되는 현장을 살펴본다.

제1편 제1장에서는 선진국들이 국가의 경쟁력을 높이기 위하여 어떤 노력을 해왔는지를 살펴봄으로써 우리의 새로운 방향을 가늠해 본다. 세계는 지금 지방화를 향해 올인하고 있다. 지방의 일은 지방에게 권한을 주고 책임지게 하고 있고, 각종 분산 정책으로 지방에 새로운 싹을 심고 있다. 하루가 다르게 변화하는 산업 기술과 소비자 입맛 그리고 활동 반경의 세계화 등으로 각 나라마다 세계의 사람 유혹 전쟁에 돌입했다. 내 나라 사람들을 빼앗기지 않고 다른 나라 사람들을 유인해 오려면 수도 하나만의 낚싯바늘이 아닌, 여러 도시의 낚싯바늘을 준비해야만 하는 것이다.

제2장에서는 중앙 집권과 중앙 집중 체제가 우리에게 가져다준 폐해를 다룬다. 중앙 집권 체제의 폐해는 정치적인 면에서는 지역 감정 선거 풍토를 낳아 민주주의를 크게 훼손시켰다. 그리고 경제적인 면에서는 공간적 불균형의 심화와 소득의 정체를 초래하였으며, 행정적인 면에서는 중앙 정부의 간섭과 지방의 의존성이 국가의 활력을 떨어뜨렸다. 중앙 집권 체제는 국가와 지방을 동시에 파국으로 몰아가고 있는 것이다.

　제3장에서는 중앙 집중 체제 속에 안주하면서 중앙 집중 체제의 폐해를 더욱 심화시킨 우리들의 자화상을 살펴본다. 중앙 정부의 자원 배분에 안주해 온 기업, 스스로 자립할 생각은 전혀 하지 않고 중앙 정부에 자신의 운명을 맡겨버린 지방자치단체, 중앙 집권의 달콤함에 빠져 지방을 자립시킬 생각은 하지 못하고 서울의 배를 찢는 줄도 모르고 수도권을 확대시킨 중앙 정부 등의 자화상을 그려본다.

　제2편 제1장에서는 이제 과거의 패러다임에서 새로운 패러다임으로 바꾸어야 함을 역설한다. 서울이 아닌 지방을 잘 가꾸어 세계로 나가는 준비를 해야 한다. 중앙 집중의 효율을 추구하던 중앙 집권에서 분산의 효율을 추구하는 지방 분권으로 틀을 바꾸고 각 지방 각자가 스스로 험한 세상을 헤쳐나가는 균형 발전으로 틀을 바꾸자는 제안이다.

　제2장에서는 이 책의 이론적 배경을 제시한다. 지방 분권과 균형 발전 그리고 복지에 대한 배려가 국민을 만족시키는 메커니즘을 밝힌다.

　제3장에서는 제1장의 메커니즘을 작동하게 하기 위해 적용되는 원리를 다룬다. 어떤 원리가 분권·균형·복지로 국민을 만족시키는 메커니즘을 작동케 하는가를 보는 것이다. 이 책에서 제시하는 원칙은 약점보완과 강점강화다. 약점보완 원칙은 지방 이전을 도모하는 정책의 근본이고 강점강화 원칙은 지방의 특성화, 혁신 역량 강화를 도모하는 정책의 근본이다.

　제3편 제1장은 지방 분권의 구체적 현장이야기를 적었다. 중앙 정부·지방자치단체·지역 기업·개인의 순서로 지방 분권을 위해 해야 하는 일은 무엇이고 그 일을 방해하는 요인은 무엇인지, 그 방해 요인

을 극복하기 위해서는 무엇을 해야 하는지 등을 살펴보았다.

제2장은 균형 발전의 현장 편이다. 이 책의 하이라이트로서 균형 발전의 필요성, 혁신 역량 제고, 균형 발전 원리의 적용 등을 다루고, 행정 도시 건설, 공공 기관 이전 등의 분산 정책을 다룬다. 또한 중앙 정부와 지방자치단체 그리고 지역 주민들이 지방화 시대에 대비하는 자세를 설명한다.

제3장은 복지를 생각하는 틀 속에서 상생의 터전을 다지자는 외침이다. 화해의 복지 사회를 열자는 것이다. 우리 사회는 너무나 지루한 성장론과 분배론의 갈등기를 보내고 있다. 그러는 사이에 사회의 양극화 현상은 극심해지고 있으며 그 대가는 너무 크다. 양극화 현상이 초래되는 원인 중의 일부는 성장과 분배에 대한 입장의 차이인데 기실 그 차이는 크지 않다. 이 장은 그러니 이제 우리는 균형과 복지를 통한 사회 유지를 위해 성장과 분배 간의 불화를 청산하고 우리 스스로의 의지를 통하여 절망에서 희망으로 나가자는 설득에 온 힘을 기울인 장이다.

감사의 말씀

지방화를 위해 동분서주하던 여러분들의 모습이 떠오른다. 나는 그분들께 인생이나 학문에서 수많은 빚을 지고 있다. 나를 좋게만 봐주시는 선배님들, 후배들 그리고 지방화 운동을 하면서 만난 여러 동지들에게 무한히 감사할 따름이다.

수많은 토론회와 강연장의 객석을 꽉 메운 청중들의 모습을 잊을 수 없다. 그들의 격려와 박수가 고맙다. 700여 명이던 내 고향 초등학교 학생들이 26명으로 줄었는데 도대체 그들이 어떻게 한 인간으로서 성장해 가는 데 필요한 교육을 받을 수 있겠는가 하고 호소할 때 눈시울을 적시던 그들이 보고 싶다.

어쩌면 내가 지방화 운동에 이토록 열을 올리게 만든 장본인들일지도 모르는 나의 학생들이 생각난다. "이 험난한 사회에 나가 어찌 살아갈까 두려워하지 마라, 나의 학생들아. 너희들이 희망을 잃지 않는 한 세상은 너희들의 것이다." 그리고 나의 지방화 운동을 이해해 주시고 격려해 주시는 광주대학교의 모든 식구들에게 감사드린다.

지방화 사업에 빠져 있는 동안 환희와 지승이에게 아빠로서의 소임을 다하지 못했다. 아이들 교육에 생각이 미치면 두려움이 몰려온다. "애들아 미안하구나. 하지만 어차피 인생이란 혼자서 가는 거란다." 역마살이 낀 남편을 맞아 그토록 긴 고통의 세월을 보내면서도 언제나, 무조건 내 편만 들어주는 아내는 이 책의 출판을 누구보다도 기뻐해 줄 것이다. 그리고 자식들의 이런저런 소식에 울고 웃으시는 80 고령을 훌쩍 넘기신 아버님의 건강을 기원하며 이 책의 출판 소식을 전해 드리고 싶다.

마지막으로 이 책의 발간에 처음부터 끝까지 많은 도움을 주신 분들과 이 책을 이렇게 멋지게 만들어주신 출판사 직원 여러분들께도 큰 감사를 드린다.

이 민 원

차례

머리말

제1편 중앙 집중이 초래한 위기

1장. 세계는 지금

1. 지방화를 위해 헌법 제1조도 바꾸다 · 21
2. 지방으로 이전하는 공공 기관들 · 26
3. 수도의 인구가 13만 명인 스위스 · 33

2장. 중앙 집권 체제는 우리를 이렇게 괴롭혔다

1. 지역 싹쓸이를 가져온 중앙 집권제 · 38
2. 너희가 지역 감정을 아느냐? · 46
3. 언제까지 국영수에만 매달릴 것인가 · 54
4. 중앙 집권은 경제를 어렵게 한다 · 61
5. 강남 땅값 오르면 우리 재산 다 뺏긴다 · 67
6. 사라진 내 고향 초등학교 · 73

3장. 우리들 지난날의 자화상

1. 사명감에 불타는 아마추어 기업이 그립다 · 77
2. 중앙 정부에 건의만 하면 해결이 되나? · 83
3. 위 확대 수술을 해서라도 밥을 먹이려는가 · 91

제2편 지방 분권과 분산은 왜 우리를 구제하는가

1장. 이제 대한민국은

1. 정착하면 죽는다 · 99
2. 우리 고장이 세계의 중심이 되게 하자 · 104
3. 지방 분권을 꼭 해야 하는 이유 · 109
4. 균형 패러다임의 모색 · 115

2장. 우리를 구제할 분권과 분산

1. 지방이 블루 오션이다 · 123
2. 지방 분권이 개인 · 지역 · 국가에 기여하는 메커니즘 · 135
3. 균형 발전 메커니즘 · 140
4. 저출산 시대를 타파할 복지 정책 메커니즘 · 148

3장. 새 메커니즘의 실천 원칙

1. 병목 현상 타파로 약점을 보완하라 · 155
2. 선택과 집중으로 강점을 강화하라 · 158

제3편 지방 분권과 균형 발전은 어떻게 이루어지나

1장. 지방 분권의 이모저모

1. 핵심은 자율성이다 · 167
2. 이제 그만 자전거 잡은 손을 놓아라 · 173
3. 공짜라고 양잿물을 마시겠는가 · 178
4. 지역 언론이 살아야 지방이 산다 · 182
5. 권한은 사람을 성장시킨다 · 188

2장. 균형 발전을 위한 모색들

    1. 균형 발전만이 살길이다 · 193

    2. 경쟁력 향상에 균형 발전은 필수 · 199

    3. 지역 혁신은 지방을 살린다 · 204

    4. 무쏘의 뿔처럼 혼자서 가라 · 212

    5. 꿈나무는 없었다 · 216

    6. 약장수는 약을 팔아야 한다 · 221

    7. 대학과 지방의 상관 관계 · 229

    8. 사막에서 희망을 보다 · 235

    9. 서울만 수도라는 법은 없다 · 239

    10. 씨앗을 심어야만 열매를 맺는다 · 244

    11. 지방화를 갈망하는 편지 · 248

3장. 복지 사회를 위하여

    1. 세계 10대 경제 대국인 대한민국의 본모습 · 254

    2. 성장과 분배, 그 근원에 서로 다른 생각이 있다 · 263

    3. 절망에서 희망으로(에필로그를 대신하여) · 271

1 중앙 집중이 초래한 위기

제1장 세계는 지금

제2장 중앙 집권 체제는 우리를 이렇게 괴롭혔다

제3장 우리들 지난날의 자화상

제1장
세계는 지금

세계는 지금 지방화를 향해 올인하고 있다. 중앙 정부 혼자 나라를 책임지기에는 너무 버겁고 효율도 낮기 때문이다. 그래서 지방의 일은 지방 사람들에게 권한을 주고 책임지게 하는 것이 지금 벌어지고 있는 지방화의 한 축이다.

또 다른 지방화의 축은 각종 분산 정책으로 지방에 새로운 싹을 심는 일이다. 역시 수도 하나로 온 나라를 책임지기에는 너무 버겁고 또 가능하지도 않기 때문이다. 그래서 수도에 집중된 각종 공공 기관과 중앙 부처 그리고 기업들을 지방으로 분산시켜 경쟁력 있는 도시 건설을 이룩하려고 하고 있다.

이러한 움직임은 선진국들에게서 강하다. 이들이 왜 이러는 것일까? 세계의 환경이 변하고 있기 때문이다. 하루가 다르게 변화하는 산업 기술, 소비자 입맛에 따른 제품 수명의 단축으로 세계는 그야말로 숨막히게 돌아간다.

어디 그뿐인가. 이제 세계의 사람들은 과거처럼 국가에 충성하지 않는다. 사람의 활동 반경은 국가가 아니라 세계다. 내 나라 사람들을 빼앗기지 않고 다른 나라 사람들을 우리 경제 활동의 영역으로 유인해 오려면 나라 전체가 그들을 유혹하여야 한다. 낚싯바늘 하나로 세계인을 낚을 수는 없다. 지방화는 바로 여러 개의 낚싯바늘을 준비하는 것이다.

우리나라도 이 대열에서 낙오돼서는 절대 안 된다.

1 지방화를 위해 헌법 제1조도 바꾸다

미테랑의 공포   프랑스는 100년 전쟁 이후부터 강력한 중앙 집권의 전통을 가진 나라다. '짐이 곧 국가다'라고 포효하던 루이 14세, 나의 사전에 불가능은 없다고 외치던 나폴레옹, 이름만 들어도 강력한 중앙 집권을 연상케 하는 이 두 사람이 프랑스를 통치했다는 사실만으로도 프랑스의 중앙 집권 체제가 얼마나 강력했을지 짐작이 간다.

그런 프랑스가 개헌까지 해가면서 지방 분권을 갈구하고 있다. 2003년 3월 28일, 헌법을 지방 분권 헌법으로 개정한 것이다. 개정 헌법은 제1조에서 '프랑스의 국가 조직은 분권화되어 있다(Son organisation est decentralisee)'고 선언함으로써 국가 조직의 지방 분권화를 천명하였다.

이들은 왜 아예 헌법 제1조에 지방 분권을 못박아야 했을까? 중앙 집권에 대한 공포에 가까운 위기의식이 바로 그 이유다. 1981년 5월 대통령 선거에서 미테랑(F. Mitterrand)은 그 공포감을 다음과 같이 표현했다.

"프랑스는 해체되지 않기 위하여 분권화가 필요하다."

지방 분권화를 추진하지 않으면 프랑스가 해체되리라고 탄식할 만큼 중앙 집권의 해독은 무서웠던 것이다. 어쩌면 무서운 중앙 집권의 해독을 제대로 인식했다고 말하는 것이 정확할지도 모른다.

중앙 집권의 해독은 무엇인가 중앙 집권 시절의 중앙 정부는 지방자치단체의 행정을 통제해 왔다. 그래서 지방자치단체는 국가의 일을 대신해서 처리해 주는 곳에 불과했다. 자연히 지방자치단체가 지역의 사정을 반영한 정책을 기획하여 집행할 여지가 부족하니 지역 정책은 그 효과가 낮을 수밖에 없었다. 지방자치단체는 간단한 건축 허가에 대한 권한도 없는 실정이어서 각종 비즈니스를 위해 수도인 파리를 오가야 하는 지방민들의 낭비와 불편은 지방을 외면하게 만들었고 공동화된 지방은 나라의 짐이 되기 시작했다.

행정의 통제는 재정의 통제와 병행되었다. 중앙 정부가 지방에 배정해 주는 예산은 중앙 정부의 통제에 따라 용도가 결정되어 지방의 자율성이 발휘될 여지가 없었다. 지방에서 꼭 필요한 일에 예산을 사용할 수가 없었다는 말이다. 예산의 효과가 낮을 수밖에 없었다. 예산의 효과가 낮은데 그게 바로 해독이 아니고 무엇이겠는가.

그리고 덩치가 큰 중앙 정부 중심의 행정 시스템으로는 급변하는 세계에 재빨리 대응할 수 없었다. 더구나 지방 곳곳이 세계의 지방과의 경쟁에서 살아남아야 하는데 당사자인 지방 정부는 아무런 권한이 없고 권한이 있는 중앙 정부는 너무 굼뜨고 지방에 대해 제대로 알지 못하는데 무슨 수로 지방과 나라가 살아남는단 말인가. 더구나 권한이 없는 지방은 중앙에 대한 의존심이 커서 스스로 지역을 발전시킬 의욕이 없다.*

국민의 지지를 받은 지방 분권 개혁 미테랑은 선거전에서 지방 분권을 공약으로 내세웠고 대통령이 되었다. 그 후 프랑스는 1982년부터 1990년대까지 40개가 넘는 법률을 제정하면서 지방 분권 개혁을 강력히 추진하였다.

프랑스 국민들은 정부의 지방화 정책을 지지했다. 그 지지를 바탕으로 다음 대통령이 된 시라크(J. Chirac)는 2002년 10월 국무 회의에서 지방 분권 개헌안을 채택하면서 "프랑스는 중앙 집권적 전통을 끊고 국민에 가까운 공화국으로 거듭날 것이며, 이는 새로운 권력 구조의 핵심이 될 것이다"라는 메시지를 남겼다. 내가 이 소식을 들은 것은 여러 지방 분권 운동가 및 관련 학자들과 함께 지방 분권을 추진하기 위한 10대 의제를 선정하고 그 의제를 추진하기 위한 정책을 만들고 있을 때였다. 당시 프랑스 헌법을 전공하는 학자들로부터 그 내용을 배우면서 기대에 부풀었던 그때의 상황이 떠오른다. 그로부터 3개월

---

* 중앙 집권과 집중의 해독에 대한 자세한 설명은 제2장에서 다룬다.

후 시라크 대통령은 지방 분권 개정 헌법을 공포하였다.

이후 프랑스는 ‘지방자치단체는 그 수준에서 가장 적합하게 행사할 수 있는 모든 권한에 대해 결정할 자격을 가진다’는 원칙에 따라 각종 법률 정비 등의 개혁이 활발하게 추진되고 있다. 이 원칙의 취지는 외교나 국방 등 지방자치단체가 시행하기에 부적합한 일을 제외하고는 지방자치단체가 자기 지역의 정책에 대한 모든 권한을 갖는다는 것이다. 지방자치단체의 정책에 대한 중앙 정부의 관여가 현저히 줄어든다는 의미이다.

개헌 후 그들은 무엇이 달라졌나 프랑스는 이제 지방 분권 개헌과 관련 법률의 제정으로 중앙 정부와 지방자치단체 간의 권한 배분 체계가 변경되고 중앙 정부의 지역 정책에 대한 권한이 대거 지방자치단체로 이양되었다. 이에 따라 중앙 정부의 지방자치단체에 대한 행정 및 재정 통제가 폐지되고, 권한 이양에 따른 재원 이전이 이루어졌다. 지방자치단체는 행정 및 재정에 대한 자율성을 이용하여 지역 발전을 위해 매진할 수 있게 되었다.

그러나 지방 행정의 자율성 못지않게 민주화도 중요하다. 지방의 권력이 주민의 이해와 동떨어지게 집행되거나 부정부패로 흐른다면 지방 발전을 의도했던 지방화의 의미는 사라지고 말 것이다. 따라서 지방자치단체가 부여받은 권한과 예산을 어떻게 사용하는가에 대한 주민들의 끊임없는 감시가 필요하고 필요에 따라서는 주민들이 직접 적절한 조치를 취할 수 있는 제도가 필요하다.

그래서 지방자치단체의 권한 사용에 대한 정보 공개 및 투명성 강화 조치 등이 제도화되었고 주민들이 지역 문제에 대해 결정할 수 있는 주민 투표제 등의 주민 참여 제도가 보장되었다.

한편 지방 분권 개혁으로 지방 재정 조정 제도의 성격이 변화하였다. 중앙 집권 시대의 지방 재정 조정 제도란 중앙 정부가 지방자치단체에 예산을 지원하는 것이었다. 그러나 이제는 재정 사정이 좋은 지방자치단체가 재정 사정이 열악한 자치 단체에 재원을 이전해 주는 제도로 바뀌었다. 이러한 제도 변경은 균형 발전에 대한 프랑스 국민들의 관용성의 수준을 말해 주고 있다.

나는 우리나라 국민들도 이런 관용성을 가지고 있다고 믿는다. 정치인들이 선동만 하지 않는다면 말이다.

지방 분권의 분위기가 무르익자 프랑스 지방은 활기를 되찾고 있다. 그 한 예로 브르타뉴 지방은 고유 언어가 부활되고 있다. 파리에서 500km 떨어진 대서양 연안의 브르타뉴 지방은 중앙 집권 체제하에서 고유 언어인 브르타뉴 어가 사라지고 지방에 대한 자부심이 사라진 주민들은 파리로 떠나갔다. 그러나 이제 지방 분권 개혁으로 지방에 대한 관심이 살아나고 있다. 지방자치단체는 각 학교에서 브르타뉴 어와 지역 문화를 가르치는 것을 지원하고, 지역 텔레비전에서는 뉴스의 일부와 지역 현안 토론 프로그램을 브르타뉴 어로 내보내고 있다.

과연 우리의 지역 방송에서도 지방 사투리로 뉴스와 토론 프로그램을 진행할 수 있을까?

② 지방으로 이전하는 공공 기관들

프랑스 공공 기관의 지방 이전 실태 프랑스의 균형 발전된 모습을 나타내는 오른쪽 그림에는 파리의 양 옆과 밑으로 말발굽 모양을 이루는 도시의 분포 모습이 잘 나타나 있다. 옛날 파리에 있던 공공 기관들이 이전해 간 덕분에 지역이 발전하여 증가된 인구 분포의 크기를 표시한 것이다. 파리의 오른쪽부터 시계 방향으로 스트라스부르, 리옹, 마르세유, 툴루즈, 낭트 등의 인구 변화 크기를 통해 프랑스의 균형 발전된 모습을 볼 수 있다.

이들은 국토의 이런 모습을 위해 50년 전부터 지방 분산을 위해 노력해 왔다. 1955년부터 지방 분산 시책을 추진하여, 1960년부터 1990년까지 30여 년 간 약 2만5천 명이 지방으로 이전하였으며, 1990년대부터 지금까지 모두 7차에 걸쳐 총 315개 공공 기관, 약 4만2천 명의 지방 이전 계획을 승인하였다. 특히 교육 기관의 지방 이전이 강력하게 추진된 것이 눈에 띤다. 1960년에서 1972년 사이에 32개의 기관이 지방으로 이전하였는데, 그 중 10개가 일류 대학인 그랑제꼴이다.

프랑스의 공공 기관 이전 정책은, 앞으로 신설되는 공공 기관들은 특별한 경우를 제외하고는 모두 지방에 건설하도록 강제하고 특정 정부 부처에 속하는 이전 대상 기관의 지방 이전이 어려울 경우에는 해당 부처의 다른 기관을 대체시킬 정도로 강력하다.

그리고 이전 정책 초기에는 낙후 지역으로 이전토록 하였으나

프랑스 도시 인구 변화와 규모로 본 균형 발전

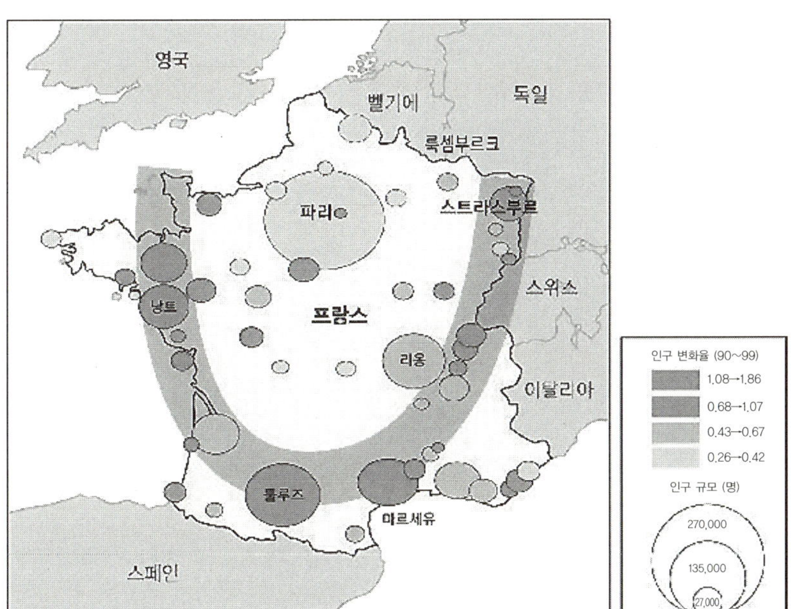

1960년대 후반부터는 지역 중심 도시로 이전시켜 성장 거점 도시로 개발하는 전략을 취했다. 거점 도시 개발로 파리로의 인구 집중을 억제하는 것이 더 시급했기 때문이다.

공공 기관 이전 정책은 민간 기업의 지방 이전 정책으로 이어진다. 파리 지역의 제조 업체가 지방으로 이전하면 이전 비용의 60%까지 10만 프랑 이하의 지원금을, 서비스 업체가 이전하면 재정 지원금을, 연구 사업체가 이전하면 연구 활동 지원금을, 이전 업체의 고용자에게는 정착 지원금을 제공하고 있다. 그 결과 1960년대 100대 기업 중 87개 기업이 파리에 본사를 두었으나 지금은 50여 개로 감소하였다.

다른 나라들의 공공 기관 이전 사례 프랑스 이외에도 많은 선진국들은 공공 기관의 지방 이전을 실시하였다. 먼저 독일은 통일 전부터 경제, 사법, 행정 기능이 여러 도시에 분산 배치된 역사를 가지고 있다. 1994년 부처 재배치를 위한 법률을 마련하고 1995년에는 본(Bonn)의 지역 경제 유지를 위한 '균등화협정'을 체결하여 본에 6개 중앙 부처와 베를린에 10개 중앙 부처가 분산, 배치되었다.

일본은 1986년 공공 기관 재배치를 제시한 후 1988년 1월 공공 기관 이전 방침을 결정하고 그 해 6월에 '다극분산형 국토형성촉진법'을 제정하여 2002년까지 40개 국가 기관과 19개 공공 법인 이전을 완료하였다.

스웨덴은 1969년 지방분산위원회를 설치하고 1971년 1차로 36개 기관 7천 명, 1973년에는 2차로 16개 기관 4천 명을 선정하여 정부 직원의 25%를 이전시켰다.

영국은 1960년대부터 런던과 남동부에 소재한 공공 기관을 지방으로 이전시켜, 약 3만 7천 명이 이전을 완료하였다. 향후 2010년까지 2만 명을 추가로 이전시킬 계획을 가지고 있다. 특히 대처 수상 시절에는 더욱 강력히 지방 이전을 추진하여 중앙 부처를 서로 다른 지방에 분산, 배치하기 시작하여 지금은 16개 정부 부처의 약 4만 명의 공무원이 지방으로 이주했다. 특히 영국 내 아일랜드와 스코틀랜드가 지역 내 분산을 시도하고 있는 것이 이채롭다. 아일랜드는 2004년에 1만 명에 대해 지역 내 분산, 배치 계획을 세웠고 스코틀랜드는 현재 3천 명이 지역 내 이전을 완료하였거나 이전 심사 중이다.

왜 이들은 이전 정책을 마련했는가 그럼 도대체 이들 선진국들은 뭐가 아쉬워서 공공 기관을 지방으로 이전하지 못해 안달이 난 것일까. 그것은 단연 수도권 과밀 해소다. 수도권 과밀 해소는 선진국들의 공공 기관이나 중앙 부처의 지방 이전 이유로 빠짐없이 등장하고 있으며 가장 강하게 제시되고 있다. 수도권 과밀은 부동산 가격과 임금을 상승시켜 수도권의 제반 비용을 상승시키고 있다. 이에 따라 수도권에서의 공공 기관 운용 비용이 지방에서의 비용보다 높아지고 있다. 이에 비해 지방은 운용비가 적게 들어 지방이 공공 기관으로서는 매력적인 곳이기 때문이다.

여기에 수도권의 교통 혼잡과 오염 문제 등으로 수도권의 경쟁력이 하락하고 있는 현실도 감안되었다. 공공 기관의 지방 이전으로 수도권 과밀을 완화하여 수도권의 경쟁력을 높여보자는 것이다.

다음으로 등장하는 이유가 낙후 지역 발달이다. 공공 기관의 효용은 수도권보다는 지방에서 높다. 수도권에서 공공 기관의 위상이 조약돌 하나라면 지방에서의 공공 기관의 위상은 바윗돌이다. 그래서 공공 기관이 지방에게는 매우 유용한 발전 수단이 된다. 특히 공공 기관은 경제 성장이 반드시 필요한 기반 기술을 제공하여 줄 것이고 공공 기관에 부수되는 민간 투자를 유치해 올 것이다. 그래서 다음으로 논의되는 이유가 지방 고용 기회 확대이다.

그리고 이런 배경에는 1990년대 이후 경쟁의 단위가 국가가 아닌 도시로 좁혀지는 추세가 만들어진 점도 크게 작용한 것으로 보인다. 경제가 다품종 소량 시대로 변화하면서 국가보다는 작은 도시 공간의 경쟁 단위로 되었고 개성이 강조되면서 더욱 이런 경향을 띠게 되었다. 이제 경쟁력 있는 국가는 경쟁력 있는 도시를 얼마나 많이 가지고 있느냐에 따라 결정된다. 그렇지 않고서야 그 영악한 선진국들이 지방 도시 강화에 그토록 혈안이 되겠는가.

지방 도시의 강화와 관련하여 지역의 혁신 역량 강화가 새로운 화두가 되었다. 이미 살펴본 대로 지방 도시의 개성 있는 경쟁력이 중요하게 되었는데, 지방 도시의 개성을 만들고 경쟁력을 만들기 위해서는 지방의 특성을 만들어갈 공공 기관을 이전시켜 공공 기관의 기술과 인력 그리고 민간 투자 유치 기능을 활용하지 않으면 안 되었던 것이다.

결국 이들 선진국들은 지방 분산으로 국가의 경쟁력을 상승시킬 수 있다고 생각한 것이다. 특히 영국에서 아일랜드와 스코틀랜드가 지역 내 균형 발전을 위한 분산을 시도하고 있는 이유를 접하면 그런 생각이 더욱 강해진다. 영국의 아일랜드나 스코틀랜드가 자기 지역 내에서도 다시 분산을 시도하는 이유는 아일랜드와 스코틀랜드의 경쟁력을 높이기 위해서이다. 이들 지역 내 분산으로 지역 경쟁력을 높여 지역민의 잉글랜드로의 이주를 막고자 그들은 분산을 시도하고 있는 것이다.

우리의 형편은 어떤가? 우리나라라고 이런 세계적인 흐름에서 크게 벗어나 있지 않다. 1964년부터 대통령 지시에 근거하여 공공 기관의 지방 이전 계획을 수립하고 1973년, 1980년, 1990년 등 세 차례에 걸쳐 59개 기관을 이전하였다. 그러나 그 계획들이 대통령의 지시에 근거하다 보니 간헐적이고 한정적으로 추진되는 한계를 벗어나지 못하였다. 그래서 2000년에는 공공 기관의 본사의 84%, 중앙 부처의 100%, 100대 기업 본사의 91%가 수도권에 있다. 그러다 보니 국토 면적 11%의 수도권에 인구의 거의 절반인 47%가 살고 있는 기현상이 나타난 것이다.

그래서 얻은 결과가 우리나라 수도권의 경쟁력 하락, 지방의 궤멸, 우리나라 경쟁력 하락이다. 수도권의 과밀로 주택이 부족하여 매년 약 600만 평의 택지(경기도 분당 정도)가 필요한데, 환경 훼손의 부작용과 높아진 부동산 가격으로 인한 고비용을 어찌 감당하고 그런 택지를 조성할 것인가.

이 외에도 서울 도심의 하루 평균 교통 속도는 1980년에 1시간이던 것이 이제는 2시간이나 걸리는 상황이 되었다. 또한 극심해진 서울의 환경 오염 때문에 생긴 미세 먼지로 인한 사망자 수가 매년 1만 명에 육박하고 있으며 높아진 부동산 가격으로 기업들의 경쟁력은 날로 낮아지고 있다.

이 모든 것의 주범인 수도권 과밀의 문제를 풀자고 선진국들은 공공 기관 지방 이전을 그렇게도 강조하고 있는 것이다. 자, 너무 늦었지만 지금부터라도 공공 기관 이전에 희망을 걸어보아야 하지 않겠는가.

3 수도의 인구가 13만 명인 스위스

세계에서 가장 살고 싶은 부자 나라　컨설팅 업체 윌리엄 머서 (William Mercer) 사는 2002년 3월 11일 스위스의 취리히가 세계에서 삶의 질이 가장 높은 도시 1위로 선정되었으며 제네바는 4위, 베른은 10위로 선정되어 10대 도시에 3곳이나 포함되었다고 발표했다. 반면 우리나라 제1의 도시 수도 서울은 94위에 그쳤다. 이것도 2001년에는 93위였는데 그것마저도 하락한 것이다.

스위스의 저력은 삶의 질에서만이 아니라 세계 수위의 소득 수준에서도 나타난다. 2003년 스위스의 1인당 국민 소득은 4만 7천 달러였다. 같은 해 미국의 3만 7천 달러, 일본의 3만 4천 달러, 핀란드의 3만 달러보다 훨씬 높다. 같은 해 우리나라는 아시다시피 1만 2천7백 달러였다.

　　스위스는 아름다운 자연 환경 외에는 내놓을 만한 자원이 없는 나라다. 스위스가 다른 나라와 다른 점은 유달리 강력하게 실천되고 있는 지방 자치와 전 국토의 고른 발전이다. 그러니 강력한 지방 자치와 균형 발전을 스위스 저력의 원천이라고 할 수 있다.

스위스 지방 자치의 수준을 살펴보자. 우리나라의 중앙 정부에 해당하는 연방은 연방 헌법에 의해 배정된 사무만을 처리할 수 있다. 반면 지방자치단체인 캔톤은 연방에 양도되지 않은 모든 권한을 행사한다. 지방자치단체인 캔톤의 권한은 여기서 그치지 않는다. 캔톤은 연방법이 금지한 것을 제외하고는 모든 과세 대상에 대해 세율을 정하여 과세할 수 있는 권한을 가진다. 뿐만 아니라 캔톤은 독자적 사법 기관인 민사 법원과 형사 법원도 갖는다. 법관들은 선거로 뽑는다. 경찰은 아예 지방 자치 경찰만 존재한다.

스위스의 균형 발전 현황을 보면, 스위스는 수도 하나만 우뚝 솟은 나라가 아니다. 가장 큰 도시 취리히에는 총 인구의 5%가 모여 산다. 취리히는 서울과는 달리 수도가 아니다. 다만 경제 도시일 뿐이다. 수도 베른의 인구는 12만 9천 명으로서 4위를 차지하고 있다. 그 외에 인구 10만 명이 넘는 도시는 2위의 바젤(17만 6천 명), 5위의 로잔(11만 7천 명)으로 이들 인구를 모두 합해도 93만 5천 명으로 총 인구의 13%에 불과하다. 인구 2만 명 이상의 32개 도시 인구를 모두 합해도 1백 82만 명으로 총 인구의 26%이다. 스위스에서는 인구의 74%가 전국에 골고루 퍼진 인구 2만 명 미만의 지역에서 산다는 말이다. 이만하면 균형 발전된 나라가 아니겠는가. 참고로 우리나라는 2003년 현재 수도권에 총 인구의 48%가 산다.

수도가 어디냐는 질문이 필요 없는 나라　안성호 교수는 『분권과 참여』(다운샘, 2005)에서 루소(J.J Rousseau)의 이야기를 소개하고 있다. 제네바 시민이었던 루소는 1761년 발간한 '사회계약론'에서 수도 기능을 한 곳에 모으지 말고 각 도시로 옮겨가면서 순번대로 맡기는 방안을 제안했다고 한다. 국토의 인구 분포를 고르게 하고 각 지방에 동등한 권리를 부여하여 어디서나 골고루 잘살도록 해야 국가가 부강해진다는 것이다. 그리고 루소가 했다는 다음 말이 참 인상적이다.

"도시의 성벽은 농가를 헐어부순 잔해에 의해 쌓여진 것임을 알아야 한다."

물론 스위스는 수도를 도시마다 번갈아가며 바꾸지는 않는다. 그러나 수도의 기능을 베른 한 곳에만 집중시키지는 않았다. 연방 법원은 로잔에, 연방 보험 법원은 루체른에, 연방 중앙 은행과 국립 공과 대학은 취리히에 각각 있다. 스위스에서 외교 수도는 제네바이다. 물론 외국 공관들은 수도인 베른에 있지만 제네바에 국제 기구들을 배치하여 기꺼이 외교 중심 도시로 삼고 있다. 경제 수도는 연방 중앙 은행과 경제 기능이 집중된 취리히이다. 그리고 취리히는 연방의 문화 정책을 총괄하는 프로 헬베티아(Pro Helvetia)가 있어 문화 수도라고도 볼 수 있다.

그래서 스위스 사람들에게 수도가 어디냐는 질문은 어리석은 질문에 지나지 않는다. 그들에게 수도는 한 곳이 아니라 여러 곳이기 때문이다. 그리고 그들은 여러 개의 수도를 가지고 세계에서 가장 살기 좋은 나라이자 최강인 나라를 만든 것이다.

우리는 왜 서울만 수도라고 하는가 우리나라의 수도는 절대로 하나다. 또 그래야 한다고 믿는 사람들이 많다. 하나의 수도로 강력한 중앙 집중을 해온 우리나라는 삶의 질이 하락하고 있다. 수도권의 경쟁력도 과밀로 인해 날로 하락하고 있다. 이런 현상을 두고 스위스와는 정반대의 처방, 즉 수도는 절대로 하나여야 하고 수도권 투자를 늘려 경쟁력을 올려야 한다고 믿는 사람들이 많다.

왜 우리나라는 이미 성공한 여러 경우를 무시하고 굳이 다른 길로 가려는 것일까?

제2장
중앙 집권 체제는
우리를 이렇게 괴롭혔다

지난 40여 년 동안 우리나라가 채용해 온 중앙 집권 체제는 우리나라를 고도 성장시켰음에도 불구하고 여러 가지 측면에서 우리나라에 심각한 폐해를 가져왔다. 정치적인 면에서는 지역 감정 선거 풍토를 낳아 민주주의를 크게 훼손시켰고, 경제적인 면에서는 공간적 불균형의 심화와 소득의 정체를 초래하였으며, 행정적인 면에서는 중앙 정부의 간섭과 지방의 의존성이 국가의 활력을 떨어뜨렸다.

우리나라는 중앙 집권 체제로 인하여 국가와 지방이 동시에 정체되는 위기 국면을 맞게 된 것이다.

1 지역 싹쓸이를 가져온 중앙 집권제

모두들 경제가 중요하다고 한다 '바보야, 중요한 건 경제야!(It's the economy, stupid!)' 클린턴(B. Clinton)이 1992년 미국 대통령 선거 때 사용했다는 이 구호는 듣는 이의 심금을 울린다. 어느 한 때인들 경제가 만족스러웠을까. 그런 때가 있었다면 경제학이란 게 존재하지도 않을 만큼 인간의 본성은 경제에 관한 한 그 어떤 경우에도 만족을 모른다. 고로 클린턴의 구호는 누구에게나 공감을 충분히 불러일으킬 만한 것이다.

또한 이 구호는 우리나라의 논객들도 경제의 중요성을 강조할 때면 빼놓지 않고 활용하는 인기 품목이 되었다. 그리고는 이 구호 때문에 클린턴이 당선되었다고 용감하게 결론을 내리니 이 구호의 위대성은 더욱 확고해진다. 모름지기 국민들이란 정치 이슈보다는 먹고사는 일에만 관심이 있는 법이라고 아예 못을 박기도 한다.

뿐만 아니라 그 논객 분들은 정치 개혁으로 경제가 잘 되었다는 기록을 보지 못했다고 용감하게 단정(斷定)을 짓는다. 어느 나라의 헌법이 좋고 제도가 좋다고 경제가 잘 되느냐며, 과거 청산이니 일제 청산이니 부패 척결이니 하는 개혁에 매달리면 경제가 좋아지지 않으니 하루빨리 시장 경제 체제로 돌아서야 한다고 강조한다.

아마도 이런 말씀을 하시는 분들은 철저히 기업 우선 정책을 펴라는 주장을 그렇게 하는 것일 게다. 지금 우리나라에서는 정부, 여당, 야당 할 것 없이 모두 "나는 시장경제주의자다"를 외치고 있는데, 무얼 더 어떻게 해야 만족하겠다는 말일까. 혹시 다음과 같은 정책이어야 만족할까?

가정 경제를 살찌우려면 온 가족이 나서서 도둑질에 나서며, 기업이 잘 되려면 임금은 가능하면 적게 주고, 기술 개발은 하지 말고 남의 기술을 베끼며, 생선에 납을 넣어 무게를 늘리고, 과일 상자 밑의 과일은 나쁜 것으로 채우고, 죄인들을 감옥에 보내려면 돈이 드니 모두 풀어주고, 기업이 탈세하고 탈법하여도 죄를 물으면 경제가 어려워지니 기업가들은 성역으로 두라! 정책이 이 정도는 되어야 한다는 말인가.

정치적 의사 표시를 분풀이 하듯 해야 속이 시원해진다? 이제 우리가 울려야 할 국민들의 심금으로 돌아가 보자. 과연 사람들은 경제를 최고로 생각하여 실제로 그에 합당한 행동을 하고 있을까? 사람들에게 무엇이 가장 중요하냐고 물으면 제일 먼저 경제를 꼽지만, 실제로 경제를 중요하게 생각한다는 증거는 흔치 않다. 이 글을 쓰고 있는 지금(2005년 9월 19일), 모 인터넷 포털 사이트의 뉴스난에서 가장 많이 본 기사가 무엇인지를 보니, 정치 기사인 '북핵 6자 회담 극적 타결'이다(이 글을 다시 보고 있는 오늘 11월 16일까지 인기 순위 1위는 거의 정치 기사였다). 경제 기사 순위는 저 밑이다. 이 뿐만 아니다. 대학에서 경제학 교과목의 인기도 별로다. 경제학 과목이 공부하기가 어려워서라고 한다. 돈 버는 것이 어디 쉬운 일인가? 왜 경제를 알겠다는 노력은 하지 않는지… 이거 아무래도 경제 문제가 사람들의 가장 큰 관심사라고 단언하기에는 좀 무리가 있는 것 아닐까?

지금까지의 선거 결과를 보면 이런 생각은 더욱 짙어진다. 2005년 연기·공주 지역의 국회의원 보선이 있었다. 그 지역은 행정 도시 건설 예정지다. 선거 결과는 또다시 지역 정치 구도의 부활이었다. 김만권의 연구 『불평등의 패러독스』(개마고원, 2004)대로 인간은 경제적인 여건이 마련되면 정치적인 표현의 욕구가 생긴다는 말이 맞나 보다.

정말이지 삶의 본질이 경제적인 데 있는 것 같지 않다. 삶의 본질이 경제적인 것에 있다면 어찌 지역민들이 지역 감정에 휘둘려 지역 이익을 뒷전으로 하겠는가. 어찌 지역 정치 맹주가 공천하면 무조건 그 공천자를 찍겠는가. 진부한 이야기지만 지역민들은 정치인들에게 속고 있다. 실학자 성호(星湖) 이익(李瀷: 1681~1763) 선생께서도 『성호사설(최석기 옮김)』(한길사, 2004) '붕당' 편에서 이미 250여 년 전에 정치 모리배들에게 속는 국민들의 속성을 염려하셨다. 정치 모리배들이 지역의 이름을 팔아 자신의 사적 욕망을 얻고자 하는데도 사람들은 지역을 위한다는 그들의 말에 속아 넘어가곤 한다는 것이다. (이 이 야기는 이익 선생의 저서 『곽우록』의 '붕당론'에 상술되어 있다고 『성호 사설』 번역자가 설명하고 있으나 『곽우록』을 구해 읽어보지는 못했다.)

나는 지역 감정 투표 행태를 우리나라의 가장 심각한 문제로 생각 한다. 우리가 그토록 숭고하게 생각하는 민주주의! 국민이 주인이라는 민주주의(民 · 主 · 主義)! 그 민주주의의 실천 수단이 투표인데, 그 투표 가 지금 어떻게 이루어지고 있는가. 각 지역마다 그 지역 패권당 후보 를 싹쓸이 하듯 찍고서 아무런 죄의식도 느끼지 못하고 다른 지역에서 특정 정당만 찍는 것을 매도하는 그 파렴치함과 부도덕함의 극치에서 나는 할 말을 잃는다. 이게 무슨 민주주의인가. 지역 패권당이 주인인 '지역 패권당 주 주의(地域覇權黨 · 主 · 主義)'지.

대통령을 우리의 손으로 뽑게 되기까지의 그 비극적인 역사를 생 각해 보라. 얼마나 많은 젊은이들이 피를 흘렸으며, 얼마나 많은 가정 이 공권력의 폭력으로 파괴되었는가. 또 얼마나 많은 양심적 지식인들 이 그 지독한 고문에 폐인이 되었느냔 말이다. 그 참혹한 희생을 먹이 로 하여 쟁취한 민주주의가, 대통령 선거가, 국회의원 선거가, 지방 단 체장과 지방 의원을 뽑는 선거가 오로지 지역 감정으로 치러지고 있는 모습을 죽어간 민주 영령들이 보고 있다면 그분들의 통탄을 우리가 어 찌 감당할 수 있을까.

지역 감정은 우리를 가장 아프게 하는 질곡이다. 이 때문에 우리는 진실로 해야 할 일을 하지 못한다. 지역 감정 정치가 이 시대의 우선 순위를 항상 바꾸어놓기 때문이다. 그러므로 이 아픈 질곡인 지역 감성이 풀리지 않고 남아 있는데, 이 질곡을 풀지 않고 논해지는 그 어떤 것도 무의미하다. 국민의 판단 기준이 오로지 지역 감정인 나라, 이런 나라를 이대로 방치하고 선진국 진입과 민주주의를 운운할 수는 없다.

지역 감정 퇴치 운동의 허　도대체 이 지역 감정은 왜 생긴 것인가? 없앨 수는 있을까? 나는 주제넘게 이 끈질긴 지역 감정을 없애는 일에 참여해 왔다. 그러나 제아무리 지역 감정 퇴치의 필요성을 느끼고 있는 사람들이라 하여도 뿌리 깊게 박혀 있는 정서를 의도적 노력으로 바꾼다는 것은 더할 수 없이 어려운 일이었다. 그리고 글로 밝히기조차 민망한 몇 가지 사건들은 나를 뼈저리게 반성시켰다.

지역 감정이 무슨 행사 하나 한다고 해서 없어지는 것은 결코 아니다. 우리는 어쩌면 지역 감정을 없앤답시고 폼이나 잡고 다녔는지도 모른다. 전체 국민이 참여해서 교류하고 뒹굴지 않는 한 일부 뜻있는 몇 사람의 의욕만으로는 처음부터 가당치도 않는 일이었다. 그런데도 끈질기게 끝없이 노력하자고 다짐하는 것은 사기 행위다. 지역 감정의 근본 원인을 찾아 치료해야만 한다. 그것이 제도적인 데 있다면 제도를 개선해서라도 풀어야 한다.

그 후부터 우리 민족의 특성과 정치 제도에 대한 나의 관심은 높아지기 시작했고 그 관심의 결과, 나는 지역 감정의 최종 원인은 우리나라의 중앙 집권 제도로부터 비롯된 서울 제일주의이며 따라서 당연히 그 해법은 지방 분권에 있다는 결론에 이르렀다.

중앙 집권 체제는 지역 감정 형성의 뿌리다 그럼 왜 중앙 집권 제도가 우리 민족의 지역 감정 형성의 깊은 뿌리라고 생각하게 되었는지를 설명하겠다. 우리는 자기 마을 사람이 고등 고시 합격을 하면 마을 어귀에 환영 플래카드를 내거는 민족이다. 비록 그 사람이 나중에 자기에게 10원짜리 동전 하나 주지 않을지라도 합격 자체만으로 그냥 좋은 것이다. 우리 민족의 투표 기준은 지역을 위해 일했느냐, 지역에 실제로 도움을 줬느냐가 아니라 중앙 정부의 고관을 지냈느냐이다. 나를 살려준 사람이 아니라 나를 폼 나게 해준 사람이 영웅인 것이다. 자기 지역 사람이 서울에서 고관 대작을 하면 괜히 으쓱해지는 것이 우리 민족의 정서다.*

왜 이런 정서가 생겨났는가? 바로 사농공상(土農工商)의 서열에서 그 원인을 찾을 수 있다. 글을 읽는 선비 계급을 가장 우선시하는 우리의 의식에서 비롯된 것이다. 왜 글을 읽는가? 그것은 과거에 급제하기 위해서다. 과거에 급제하고 훗날 고관 대작이 되어 정치적 수완이 필요한 자리에 오르면 정치 자금이 필요해진다. 돈은 상업에서 생기는 법인데 상업은 가장 천시되는 업이다. 그러니 고관 대작들이 돈을 모을 방법이 마땅치 않다. 할 수 없이 매관매직(賣官賣職)이 시작되고 먹이 사슬을 타고 탐관오리들이 생겨나 백성들이 고초를 겪는다. 백성들은 가렴주구(苛斂誅求)에서 탈출해 살아남기 위해 중앙 정계에 연줄을

---

* 이에 대한 나의 입장은 김용운 교수의 『카오스의 날갯짓』(김영사, 1999)이나 『원형의 유혹』(한길사, 1994) 등의 영향을 받은 것이지만, 김 교수의 주장과 일치하지 않을 수도 있다.

댄다. 연줄이 없으면 그것이 있는 것처럼 허풍을 친다. 빽 없으면 죽는 줄 알았고 그것도 큰 빽만 찾는 증후군이 생겼다. 그래서 서울 고관 대작이 최고라는 인식이 생겨난 것이다.

또한 우리 민족의 촌락은 촌락 형성 초기부터 함께 살아온 사람들로 구성되어 있다. 사람이 살 만한 비슷한 지역에 촌락들이 형성되었으므로 평등 의식이 유난히 강하다. 평등 의식에 기초한 공동체 의식에 따라 다른 사람의 출세는 곧 나의 출세라는 도식이 생겨난 것이다. 여기에 우리나라의 중앙 집권 제도가 결합되어 서울 중심적 사고 방식이 뿌리 깊게 자리 잡았다고 생각된다.

현대에 이르러서도 중앙 집권 제도는 계속되었고 대통령을 선거로 뽑는 상황에 직면하자 우리 국민들은 지역별로 뭉쳐서 자기 지역 사람을 대통령으로 만드는 데 혈안이 되기 시작하였다. 대통령이 자기 지역 사람이고 고관 대작도 자기 지역 사람이고 그렇게만 되면 어깨를 활짝 펼 수 있으리라고 굳게 믿었으니 그렇게 할밖에 다른 방법이 더 있겠는가. 누가 내 이상에 맞고 이익을 가져다 줄 것인가는 그렇게 중요치 않다.

중요한 건 지역 싹쓸이다　더구나 여기에 지역 정치인들이 가세하여 지역민의 심금을 울리기 시작했다. 중앙 권력만 잡으면 그 권력을 활용해 우리 지역민들의 팔자를 고치게 해주겠다는 선동이다. 알파벳 두 글자로 이름을 표시하는 그 분들께서 대통령에 당선되어야 하는데 그러려면 그 분께서 점지하신 이 몸이 선거에서 떨어지면 누가 그

분을 모시고 대통령까지 만들겠느냐고 지역민을 협박한다. 구호는 '바보야, 중요한 건 경제야'가 아니라 '바보야, 중요한 건 지역 싹쓸이야'이다. 이 구호 때문에 심금이 찡하게 울려진 지역민들은 너도나도 집단 최면에 빠져 경제는 팽개치고 온통 정치 놀음에 빠지고 말았다. 이렇게 우리 민족은 오로지 정치적 의사 표현에 일로 매진(一路邁進)하며 살고 있는 중이다.

나는 이런 이유로 중앙 집권을 타파하고 지방 분권을 해야만 지역 감정을 치유할 수 있다고 굳게 믿고 있다. 그래서 오늘도 지방 분권을 외치고 있는 것이다.

2 너희가 지역 감정을 아느냐?

감히 마이크로소프트 사에 철퇴를 가하는 미국 정부 미국 법무무는 1997년 10월 미국 연방 지방 법원에 마이크로소프트 사(MS)를 상대로 소송을 제기했다. 윈도우 제품에 브라우저를 끼워서 판매를 했다는 이유였다. 2000년 4월 미국 법원은 마이크로소프트 사에게 독점 금지법 위반이라는 철퇴를 가했다. 아니 미국 정부가 간이 부었나? 이 회사가 어떤 회사인가. 죽어가는 미국 경제를 살려냈으니 미국으로서는 은인 중에 은인인 회사가 아니던가. 그런 회사를 건드리다니 우리 정서로는 도무지 이해가 가질 않는다.

1980년대 말 미국 경제는 말이 아니었다. 세계 소비자들은 미국 물건을 찾지 않았고 미국 소비자들은 일본 제품만 찾았다. 미국은 세계 최대의 채무국이 되었다. 이때 혜성처럼 등장하여 미국 경제를 살려낸 기업이 바로 마이크로소프트 사다. 세계 산업 구조를 바꾸어내며 질주하던 이 회사는 1996년, 세계 최대 기업의 위치를 확보하였으며 미국 경제를 어두운 터널에서 구해냈다. 정보 통신 시장에 활력을 불어넣으며 미국을 정보 통신 분야의 선두에 올려놓았고 사람들이 그렇게도 원하는 흑자 경제 시대를 맞이하게 한 장본인이다.

이런 기업에 대해서 독점을 이유로 철퇴를 가했으니 우리로서는 참 이해가 가지 않는 일이다. 독점이야 아무래도 상관없으니 더 열심히 돈을 벌어 우리나라를 먹여 살리라고 격려해야 하지 않을까? 금탑 훈장이니 은탑 훈장이니 하는 상을 마구 주면서 말이다. 그런데 도대체 왜 미국 정부는 독점을 막느라고 경제를 망치는 일을 서슴지 않는 것일까?

그 이유를 들어보니 우리로서는 의외다. 마이크로소프트 사의 덩치가 너무 커졌기 때문이라는 것이다. 아니 덩치가 커지면 좋은 것 아닌가. 우리나라 기업이 세계 몇 위에 올랐다는 이야기를 들으면 매우 흥분되고 자랑스럽지 않던가. 그런데 미국 사람들은 그렇게 생각하지 않는 모양이다. 그 내막을 들여다보니 시장에서 하나의 기업만 설치게 되면 그 기업에 시장의 운명을 통째로 맡겨야 하는데 그게 못마땅하다는 것이다. 더구나 나라의 운명을 좌우할 정도로 비중이 큰 분야의 경우에는 국가의 흥망성쇠를 그 기업에게 맡겨야 하니 이런 참담한 일이 어디 있느냐는 것이다.

정부는 독점을 해체하는 것이 본분이다 우리의 놀람을 가라앉

히고 경제학의 설명을 들어보자. 기업은 원래 독점을 추구하는 것이 본분이다. 품질 좋은 물건을 값싸게 만들어 팔면 당연히 그 분야에서 독점을 하게 된다. 그러므로 독점을 추구하는 기업을 나무라서는 안된다. 그러나 마라톤 선수가 홀로 뛰면 성적이 신통치 않듯 기업도 독점에 성공하여 홀로 남으면 기록이 역시 별로가 된다. 독점 기업이 생산하는 물건은 품질이 낮고 가격이 비싸지는 법이어서 그렇다.

정부로서는 참여 기업이 많아져 시장의 규모가 커지고, 물건의 품질은 높아지고, 가격은 낮아져 국민 전체 경제가 나아지는 것을 바란다. 지금 당장이야 덩치가 큰 기업을 재제하는 것이 국가 경제에 마이너스 효과를 가져올 것 같지만 강호에는 고수가 많으니 걱정하지 않아도 된다. 기술력이나 규모면에서 그 못지않은 기업들이 얼마든지 있다는 말이다. 그리고 큰 기업 하나가 이루어내는 업적보다도 작은 다수의 기업이 이루어내는 업적이 더 크다. 그래서 미국 정부는 기업의 독점을 저지하는 데 그렇게 열심인 것이다.

한류도 독점에 대한 철퇴로부터 왔다 언제 들어도 기분 좋은 한류 이야기를 좀 해보자. 일본에서 시작된 욘사마(배용준), 지우히메(최지우)의 한류 열풍은 배우, 가수 할 것 없이 중국, 베트남 등 세계로 번져가고 있다. 도대체 무엇이 이 한류를 만들어낸 것일까? 내가 자라온 시대의 사람들은 우리나라 가수들을 천덕꾸러기 취급을 하고 살았다. 한때는 외국 가수를 아는 것을 무슨 자랑으로 알았고 외국 노래 한 곡쯤은 불러야 여자들의 가슴을 설레게 했다. 국산 영화에는 아예 눈길을 주지도 않았다. 그런데 갑자기 이 무슨 천지개벽이란 말인가!

옛날에는 연예인 되기가 참으로 힘들었다. 연예인이 되는 통로도 다양하지 못했고 정보도 막혀 있었다. 극히 한정된 공식적인 가수경연대회에서 극소수의 가수만 탄생했다. 국민들은 미리 선발된 극소수의 가수들의 노래만 들어야 했다. 대중들 속에서 자생적으로 자라는 가수들은 공식적인 자격을 얻기 전에는 국민들에게 알려질 방법이 없었다. 그러니 진정한 고수들이 가요계에 데뷔하기가 어려웠다. 진정한 고수가 빠진 가요계가 어찌 국민을 감동시키겠는가.

물론 지금도 훌륭한 연예인이 되려면 피나는 수련을 해야 한다. 그러나 지금은 옛날에 비해 연예인이 되는 통로가 다양하게 열려 있고 정보도 개방되어 있다. 연예인이 되는 길은 과거에 비해 무척 다양해지고 정보도 개방되었다. 교육기관도 풍부해졌고 또 교육기관을 거치지 않더라도 다양한 방법으로 배우가 되기도 한다.

결국 연예시장은 사실상 개방되었다고 보아야 한다. 연예인들은 공식적인 교육기관이나 경연대회 출신이 아니더라도 대중들의 인기만 얻으면 얼마든지 성공할 수 있다. 이런 무지막지한 혼돈 속에서 실로 대중들과 호흡을 같이 하는 작품과 연예인들만 살아남을 수 있었고 한국 연예계는 한국인의 무한한 사랑 속에서 지금 세계로 뻗어나가고 있는 중이다.

물론 다른 나라에 비해 좋은 여건도 한류에 기여를 했다고 생각한다. 일본은 아직도 천황 체제이다. 천황은 그들의 신이다. 그러하니 일본인의 기질은 아무리 자유롭게 놓아주어도 우리만큼의 예술성을 가지지 못한다. 중국은 사회주의 체제다. 사회주의 속에서 살아온 중국인들 역시 아무리 자유롭게 놓아주어도 우리만큼의 예술성을 발휘하지 못한다. 미국을 비롯한 서양은 이제 과거처럼 맹목적으로 추종하는 대상이 아니다. 더구나 그들의 예술은 우리의 삶을 담아내는 그릇이 아니다. 그러하니 우리 예술이 아시아를 석권하는 것은 당연한 일이 아닌가!

내가 여기에서 말하고자 하는 바는 이런 것이다. 독점은 사악하니 깨뜨려야 한다. 그리고 기업은 독점 행위로 이익을 얻기 위해 열심히 노력하며 정부는 독점을 막아 국민들에게 풍성한 경제와 싸고 품질 좋은 재화를 공급하기 위해 열심히 노력한다. 정치 역시 같은 논리가 적용된다. 정치 독점도 사악하니 깨뜨려야 한다. 정당은 싹쓸이로 이익을 얻으려 하며 누군가는 정당의 싹쓸이를 막아내야 한다. 앞에서 미국의 반독점 정책과 한류 사례를 길게 설명한 것은 우리 국민의 지역감정에서 비롯된 특정 정당 매몰의 정도가 너무나 깊기 때문에 어지간한 설득으로는 특정 정당 타파 주장이 씨도 먹히지 않기 때문이다. 그만큼 우리 국민에 대한 정치적 설득은 더할 수 없이 어려운 고행의 길이다.

정치 독점 추구와 독점 해체 역할을 동시에 하는 정당 우리나라 정치에서는 독점을 추구하는 역할을 정당이 맡고 있고, 그 독점을 견제하는 역할 역시 정당이 맡고 있다. 정당이 북도 치고 장구도 치고 있는 꼴이다. 정당은 어떻게 해서든 지역 싹쓸이를 위해 분투한다. 정치 독점을 추구한다는 말이다. 동시에 지역 감정에 대한 개탄을 늘어놓는다. 정치 독점 해체를 말하는 것이다. 그리고 그 뿐이다. 지역 감정 타도를 위한 제도적 개선에는 총대를 메는 사람이 없다. 가끔씩 정서에 호소하여 국민들에게 그럴 듯한 명문만 쌓느라 혈안이 된 사람들이 몇 있긴 하다.

지방 정치가 중앙 정치에 예속되어 중앙의 정권 놀음에 지방의 앞날이 좌지우지되는 이런 현실을 언제까지 통탄만 하며 지낼 것인가? 정치의 지방 분권이 시급하다는 말이다. 나는 지금 정당 내의 분권화를 말하는 게 아니다. 물론 정당 내의 분권화도 중요하지만 그보다는 대권 놀음에 지방 정치가 악용되어 지방의 의사가 짓뭉개지는 현실을 극복하는 것이 더 중요하다는 말이다.

정치 독점 해체 역할은 언론과 NGO가 맡아야 이런 현실을 극복하기 위해서 지역에서 특정 정당이 싹쓸이를 하는 것만큼은 반드시 막아야 한다. 독점 기업 제품이 품질은 떨어지고 가격은 높듯이 독점 정당의 제품인 정치인도 역량이 떨어지고 지역에 폐해를 가져다 줄 것이 분명하기 때문이다. 그런데 어떻게 지역 싹쓸이를 막아낼 것인가? 어쩌면 정당은 마치 기업이 독점을 추구하듯이 정치 독점을 추구할 수밖에 없는지도 모른다.

그렇다면 독점을 견제하는 정부 역할에 대한 심각한 고민이 있어야 한다. 물론 정부가 지역 싹쓸이 방지를 위한 제도적 틀을 만들어내야 마땅하다. 그러나 정치권이 이에 동조를 해야 하는데, 이는 정당에게 정부 역할을 맡기는 셈이다. 결국 정당이 독점 추구와 독점 억제를 동시에 맡는 격이다.

독점 해체 역할은 제3자가 맡아야 한다. 그렇다면 그들은 누구인가? 나는 언론과 시민 운동 세력이 그 역할을 수행해야 한다고 감히 말하고 싶다. 그것이 그들의 본분이기도 한다.

나 또한 실제로 시민 운동이 이런 일을 맡고 나서는 데 참여하기도 했다. 특정 정당의 지역 싹쓸이를 막고 지역 정치에 경쟁 체제를 도입하고자 지방자치개혁연대를 결성했다. 영남에서는 영남당, 호남에서는 호남당으로 당시의 지역 패권 정당과 경쟁하자는 것이었다. 조직의 성격은 '지방 정당(local party)'이었지만 우리의 정당법이 그것을 인정하지 않기 때문에 무소속의 임의 단체일 수밖에 없었다. 약칭 '자치연대'라 불리는 이 조직의 2002년 지방 선거 성적은 광역 전패, 기초 단체장 1석, 광역 의원 전패, 기초 의원 30% 당선이었다.

나는 당시 우리의 운동을 독립 운동이라고 불렀다. 지역 내 특정 정당이 무소불위의 힘을 지역에 휘두르고 지역민은 거기에 매몰되는 이러한 상황을 반전시키기 위해서는 일제 시대 때 독립 운동하던 심정으로 투쟁하지 않으면 안 된다고 믿었기 때문이다.

우리는 성공하였을까? 나는 성공하였을까? 선거 결과에 대한 평가는 세간에서 참패라고들 하였다. 하지만 내 생각은 다르다. 30여 년 동안 다져진 지역 구도가 어찌 일거에 혁파되겠는가. 모두들 지역 감정에 대한 개탄만 늘어놓을 때 우리는 지역 감정 타파라는 목표를 정하고 이를 실천하였다. 이것이 성과가 아니고 무엇이겠는가.

　험난하지만 이런 실천이 쌓이고 쌓여야만 지역 감정이 해소될 것이라고 나는 굳게 믿고 있다.

　그런데 우리는 왜 이다지도 성급하고 게으르단 말인가.

3 언제까지 국영수에만 매달릴 것인가

과도한 집중은 망하는 지름길 "서울의 경쟁력은 자꾸만 떨어지고 중국의 경쟁력은 올라만 가고 기업들은 중국으로 탈출하고 있다. 서울의 경쟁력을 올려야 나라가 살 수 있는데 지방에서 이렇게 올라와 돈 달라고 떼를 쓰면 나라는 어떻게 하라는 것이냐. 서울에 쓸 돈도 없어 쩔쩔 매는데."

이 말은 내가 참석했던 2003년 어느 날 지방화 사업 관련 회의에서 중앙 부처 모 고위 공무원이 준엄한 표정으로 일갈한 내용이다. 이 고위 공무원의 생각은 서울의 생산성이 지방의 생산성보다 더 높으니 돈이 있다면 당연히 서울에 투자해야 한다는 것이다. 언뜻 들으면 말이야 백 번 맞는 말이다. 투자 효율이 높은 서울에 투자를 늘리고 투자 효율이 낮은 지방에 대한 투자를 줄여야 국가 경쟁력이 상승하지 않겠는가 말이다.

"도대체 경제를 어떻게 운영하기에 연간 10% 이상씩 팍팍 성장하던 경제가 성장률 5%에도 못 미치는 이런 상태가 되었단 말인가? 어서 빨리 성장 정책을 써서 경제를 정상 궤도로 올려놓아라."

경제가 어렵다며 답답증을 호소하는 사람들이 하나같이 외쳐대는 말이다. 왜 옛날에는 잘도 하던 성장을 이제 와서 갑자기 못하느냐는 말이다. 그러니 하루빨리 옛날에 하던 방식대로 경제 정책을 펴서 성장률을 올리라는 것이다. 이 역시 언뜻 들으면 말이야 백 번 맞는 말이다. 그런데 정말로 옛날에 성공했던 정책을 그대로 다시 펼친다면 경제가 살아날까?

성장 과정은 S곡선을 따른다. 성장률이 처음에는 점점 증가하다가 나중에는 점점 감소한다. 컴퓨터로 타이핑을 할 때 처음 배울 때는 속도가 더디지만 점차 익숙하게 되면 속도가 증가한다. 하지만 증가하는 속도에는 한계가 있다. 눈 깜박할 새에 타이핑을 다 할 수는 없을 테니까.

그런데도 서울이라는 자원을 집중적으로 사용하면 서울이라는 자원의 생산성이 점점 떨어질 수밖에 없다는 사실은 사람들에게 쉽게 인식되지 못한다. 자, 서울 종로의 도로라는 자원 사용을 늘려보자. 차를 점점 더 많이 통과시켜보자는 말이다. 그럼 어떻게 될까? 이때 생산성이 증가하려면 시간당 사람 수송량이 늘어나야 한다. 그러나 점점 도로가 막혀서 도로를 통해 다른 곳으로 이동할 수 있는 사람들의 숫자는 줄어들 수밖에 없다. 그리고 설령 종로의 차량 통행이 순조롭다 한들, 전국의 모든 차량을 종로의 도로에 집결시키면 다른 지역 사람들은 도대체 무슨 방법으로 이동을 하란 말인가.

바다의 가두리 양식장에서도 집중의 폐해가 발견된다. 어부가 500평을 할당받으면 바다 양식장에서 여기저기 옮겨다니며 500평의 시설을 설치하고 양식을 한다. 그러다가 살짝살짝 600평, 700평으로 면적을 넓힌다. 처음에는 수확량이 늘어난다. 면적을 점점 넓히면 나중에는 옮겨 다닐 곳이 없어지고 마침내 적조 현상이 생겨 어장을 망치고만다. 과도한 집중이란 그런 것이다.

서울 투자는 효율적, 지방 투자는 비효율적? 사람들은 스스로 상정한 상식에 매몰되는 성향을 가졌다는 생각을 지울 수 없다. 과연 서울에 대한 투자 효율이 지방보다 높다는 상식은 진실인가? 모두가 으레 그러려니 하는 상식 같은 이야기도 상세히 살펴보면 사실과 다른 경우가 많다.

김의준이 『지역간 투자분배와 국가의 경제성장』(국토연구원, 1992)에서 밝힌 바를 보면, 서울 투자보다도 지방 투자의 효율이 더 높다. 서울 중심 투자(서울 투자 5% 증가, 지방 투자 5% 감소)는 1인당 국민소득을 처음 3년 동안은 평균 0.11% 증가시킨다. 하지만 4년 후부터는 소득을 감소시키기 시작하여 7년에서 10년 동안에는 평균 증가율이 −0.55%가 된다. 반면에 지방 중심 투자(서울 투자 5% 감소, 지방 투자 5% 증가)는 1인당 국민 소득 증가율이 처음 3년 동안은 −0.11%로 약간 감소하나 4년 후부터는 증가하기 시작하여 7년에서 10년 동안에는 약 0.3%의 증가율을 보인다.

물론 한 연구로 진실을 단정할 수는 없지만 손쉽게 서울 투자의 효율이 높다고 단언하는 것에 대한 경종은 울린 것이라고 생각한다. 더구나 이 연구가 지금처럼 지방화를 강조하는 분위기가 형성되어 있지도 않은 13년 전에 수행된 것임을 감안할 때 그 객관성을 폄하하기는 어렵다고 생각한다. 또한 서울에서 투자 효율이 높다하여도 그 이유가 기업의 경영 수익이 높기 때문인지 아니면 비정상적인 토지 가격 상승 때문인지 쉽게 단정할 수는 없는 일이므로 서울 투자의 효율성을 함부로 가정해서는 안 된다.

한편 사람들은 옛날에 매몰되는 성향도 가졌다. 옛날의 성장률에 집착하고 옛날의 성장 방식에 집착한다. 그래서 우리는 고도 성장의 희망에서 벗어나지 못하고 서울 중심의 성장에서 벗어나지 못한다. 이미 경제는 S곡선을 따라 성장의 한계에 도달했는데도 옛날의 방식에 집착하면서 고도 성장을 갈구한다. 옛날의 방식을 바꾸든지 아니면 고도 성장을 포기해야 하건만 옛날을 당연시하는 인간의 성향은 서울 중심의 성장을 포기하지도 못하고 고도 성장도 포기하지 못하면서 서로의 짜증을 부채질하고 있다.

성적을 올리려면 국영수만으로는 안 된다 많은 사람들이 지대한 관심을 갖는 학교 성적 이야기를 해보자. 모두들 국어·영어·수학 과목을 매우 중요하게 생각한다. 실제로도 그 과목들은 중요하다. 국어에 대한 이해가 낮은 채 어찌 상급 학교에서 충분한 공부를 할 수 있을 것이며 영어를 모르고서 어찌 세계화 시대에 살아남을 것인가. 또

수학은 만(萬) 학문의 기본 원리라지 않은가. 그래서 너도나도 국어·영어·수학 과목에 가장 많은 시간을 할애하여 공부를 한다.

하지만 학교 석차는 이 세 과목만 가지고 결정되는 것이 아니다. 사회·과학·예술 분야의 과목의 성적도 전체 성적에 반영된다. 그러니 어느 학생이 국어·영어·수학 세 과목만 공부하여 각각 95점씩을 얻고 있다고 한들 다른 과목들의 성적이 낮으면 전체 평균이 80점도 안 될 수 있다. 이 학생이 원하는 대학에 합격하려면 평균 95점을 유지해야 한다면 과연 어느 과목에 투자를 해야 할까? 만일 이 학생이 국어·영어·수학에 집중적으로 투자한다고 해도 이미 오를 대로 올라버린 국어·영어·수학 과목의 성적은 1점을 올리기도 매우 힘들 것이다.

설령 국어·영어·수학 과목에 집중 투자하여 100점을 얻는다 하여도 평균 95점은 힘들다. 그러나 이들 과목이 아닌 다른 과목, 지금까지는 공부하지 않은 과목에 투자하면 1점이 아니라 30점도 올릴 수 있다. 그리하여 다른 과목의 점수를 95점으로 만들면 전체 평균을 95점으로 만들 수 있다. 생산성이 이미 한계에 다다른 국어·영어·수학 과목에 대한 투자보다는 아직 생산성을 올릴 여지가 많은 사회·과학·예술 분야 과목에 투자하는 것이 전체 성적을 올리는 데 기여한다는 말이다.

혹시 우리나라의 수도권은 국어·영어·수학 과목이고 지방은 사회·과학·예술 과목은 아닐까? 이제 우리나라는 국어·영어·수학 과목에 대해 투자하는 시간을 할애해서 사회·과학·예술 과목을 공부하듯이 지방에 대한 투자에 눈을 돌릴 때라고 생각한다.

그런데 어쩐지 95점에 머무른다고 하니 마음에 걸린다. S곡선 이론 따위와는 상관없이 얼마든지 성장할 수 있다고 큰소리치는 사람도 있으니 말이다. 그래서 내친 김에 하나 더 욕심을 내어 국어·영어·수학 과목 점수를 99점까지 올릴 수 있는 묘안이 없을까? 분명 있다. 95점에서 도무지 오르지 않는 점수를 올리려면 이때도 역시 공부 방법을 바꾸면 된다. 지금까지의 방법이 아닌 새롭고 혁신적인 방법을 적용하면 된다. 그 동안 공부 때문에 멀리 했던 운동도 해서 약해진 몸을 추스르고 아픈 곳이 있으면 병원에서 치료도 받는다. 그러면 몸과 마음이 건강해져 성적이 쑥쑥 오를 것이다.

서울은 초일류로 가고 지방은 여건을 마련하자 마찬가지로 서울의 경쟁력도 지금보다 더 높일 수 있다. 서울에 문제가 있다면 문제가 생긴 곳을 추스르고 제도도 개선하면서 재도약을 준비해야 한다. 사람만 많이 살고, 차만 많이 다니고, 빌딩만 많이 들어서고, 공장만 빼곡한 공간이 제일은 아니다. 적정한 인구의 서울 사람이 막히지 않는 도로를 이용하며 녹음 짙푸른 공원에서 산들산들 쾌적한 바람을 맞으며 다시 흐르는 실개천을 직장 옆에 두고 노래하는 그런 서울도 좋을 것이다.

서울의 경쟁력이 떨어지고 있는 것은 서울에 대한 투자가 줄어서가 아니다. 서울로 밀려오는 이 나라의 모든 자원이 서울 과밀을 초래하여 오히려 서울의 생산성을 떨어뜨리고 있어서다. 그래서 급기야는 서울의 기업들이 높은 비용을 감당하지 못해 서울을 떠나려고 한다.

그래서 우리나라 지방 여기저기를 물색해 보았으나 여러 가지 여건이 너무나 열악하여 기업을 이전하기가 좀 그렇다.

말하자면 지방 대학이 길러낸 인재가 성에 차지 않고, 공장을 차릴 만한 부지에 접한 각종 기반 시설들이 신통치 않고, 지방자치단체의 서비스도 경험이 없기 때문인지 아니면 권한이 없기 때문인지 영 마음에 안 든다. 그래서 '에라 모르겠다. 중국으로나 가보자' 하고 중국으로 모두 빠져나간다. 그런데 이를 어쩌나? 중국이라는 낯선 땅에 정착하기도 힘들고, 돈을 벌어 한국으로 가져오기도 힘들다는 흉흉한 소리가 있는데 말이다.

외국 기업도 마찬가지다. 기업들은 필요에 따라서 자기 나라에서 생산하는 것이 좋을 때도 있지만, 우리나라와 같은 외국에 기업을 이전하여 물건을 생산하는 것이 좋을 때도 있다. 그리고 다품종 소량 생산 시대가 되면서 우리나라 소비자를 겨냥하는 기업은 한국에 공장을 이전하려고 한다. 우리나라에 기업을 이전하려는 기업들이 수도권이 아닌 지방에 터전을 잡으려고 할 때, 지방의 제반 여건이 성에 차지 않으면 우리로서는 정말 큰일이다.

그러니 기업들이 이런 요구를 하는 것도 무리는 아니다.

"여보시오! 땅값 싼 지방에서 공장 차려 기업하기에 좋도록 지방의 여건을 개선해 주면 안 되겠소?"

이제는 이런 이해도 해주었으면 한다.

"아하, 그래서 지방 분권하여 지방에 권한을 주고 균형 발전 정책 세워서 지방 여건을 개선해 주는구나. 이것 참 좋은 정책이다."

4 | 중앙 집권은 경제를 어렵게 한다

물건이 너무 많으면 경제가 어렵다 만나는 사람들에게 "요즘 형편이 어떻습니까? 경기 좋습니까?"라고 한번 질문을 던져보라. "경기 좋습니다. 요즘 경제 참 좋지요"라고 말하는 사람은 아마 없을 것이다. 사람들이야 경제가 좋든 어렵든 항상 그렇게 어렵다고 말하는 것이겠지만, 정말로 경제가 어려울 때가 있을 텐데 그게 과연 어떨 때인가? 그것은 만들어놓은 물건이 다 팔리지 않고 남을 때다. 가령 식당에서 50인분의 양을 만들어놓았는데 손님이 40명밖에 안 오면 식당 주인의 경제가 어렵다. 시내에 1,000대의 택시가 돌아다니는데 손님 없는 빈 택시가 500대가 되면 택시 업계는 불황이다.

들어보니 당연한 이야기 같은가? 그렇다. 참 당연한 이야기다. 그러나 지난 IMF 위기 때 우리는 어려운 경제를 이겨내자고 나라 전체가 '아나바다' 운동으로 아껴 쓰고 나누어 쓰고 바꾸어 쓰고 다시 쓰면서 생산되는 물건을 구입하지 않으며 경제를 죽이고 있었다. 식당의 음식이 잘 팔려야 식당 주인은 아들에게 운동화를 사주고 운동화가 잘 팔려야 운동화 가게 주인은 이발을 하고 이발소가 잘 돼야 이발소 주인은 식당에서 음식을 먹을 게 아닌가. 그런데 우리의 지식인들은 방송에서 날마다 '아나바다' 운동을 외쳐대고 있었다.*

기업들도 마찬가지다. 기업들의 경제가 어려우면 맨 먼저 하는 일이 경비를 줄이는 일이다. 심지어 투자조차도 줄인다. 내가 남의 회사 물건을 구입하지 않고 나만 절약해서 회사를 살리고 경제를 살릴 수 있을까? 내가 남이 만든 기계를 사지 않는데 누가 돈이 있어 내가 만든 기계를 산단 말인가? 그럼에도 불구하고 경제가 어려운 회사 사장은 '절약'을 외친다.

국가도 이런 함정에서 벗어나지 못한다. 수출은 곧 선이고 수입은 곧 악이라고 믿는다. 외국에서 사야 할 물건은 절약하여 사지 말고 열심히 외국에 우리 물건만 팔자는 게 완전히 굳어진 국가 경영 명제다.

---

* 절약을 해야 잘 산다는 고정 관념에 워낙 푹 빠져 있는 우리들이기에 이에 대해 좀더 설명하지 않으면 수긍하지 않을 것이므로 보충 설명을 해야겠다. 1960년대 초기에는 제조업이 발달하지 않아 물건들이 매우 귀했다. 정부는 물건 구하기가 힘든 국민들의 불만이 염려되었을 것이다. 공장을 지어야 물건을 공급하여 국민의 불만을 해결할 텐데, 그러나 나라에 돈이 없어 공장을 짓는 데 어려움이 많았다. 이때 제시된 이데올로기가 바로' 절약'이다. 이처럼 물건이 부족할 때는 절약 이데올로기가 옳다.
  그러나 지금은 물건이 남아도는 시대다. 내가 생산하는 쌀도 남고 남이 생산하는 사과도 남는다. 이러한 때에 내가 절약하느라 사과를 사지 않으면 나의 소득은 일시적으로 올라가지만, 내가 사과를 사주지 않아 남의 소득이 떨어지면 남이 내 쌀을 사갈 돈이 없어 나도 결국은 소득이 하락한다. 그래서 전 국민이 가난하게 된다. 이게 바로 경제학에서 말하는 절약의 역설이다. 물론 소비에서 오는 환경 파괴 문제는 우리가 진지하게 따로 검토할 문제다. 이렇게 말하면 그럼 펑펑 쓰고 낭비하면서 살자는 말이냐고 할까봐 걱정이다. 물론 근검 절약이야 어찌 실천 덕목이 아니겠는가. 낭비하지 않는 근검은 권장돼야 하지만, 근검하면 경제가 살아난다고 생각해서는 안 된다.

아니, 우리나라가 남의 나라 물건을 사주지 않으면 남의 나라는 무슨 돈이 있어 우리나라 물건을 사주나. 우리나라가 수입을 해야 다른 나라가 소득을 올리고 그래서 다른 나라도 소득이 있어야 우리나라의 물건을 수입해 가는 것이다. 모든 나라가 절약하느라 수입을 하지 않아서 세계의 물건이 남아돌면 세계 경제는 곧 죽고 만다. 그리고 수출이 중요한 이유는 우리 경제에 꼭 필요한 외국 물건을 사올 때 필요한 달러 때문이지 수출 그 자체 때문이 아니다. 그러나 오늘도 우리는 수출, 수출, 수출만을 부르짖고 있다.

다시 국내 문제로 돌아오자. 물건이 왜 남을까? 사람들에게서 갑자기 돈이 없어 졌을까? 아니 어제까지 있던 돈이 갑자기 어디로 간 것인가? 아니다. 어제까지 있던 돈들은 고스란히 우리들 통장에 있다. 그런데도 소비가 침체되거나 생산이 과잉되어 경제는 어려워진다. 사람들 호주머니에 돈이 있고 없고가 경제가 좋고 나쁜 것의 결정적 이유는 아니다.

경제는 물건이 남아돌 때 어렵고 물건이 남아도는 때는 소비가 부족하거나 물건이 과잉 생산되었을 때다. 소비 침체로 인해 경제가 어려운 문제는 이 글의 핵심 주제가 아니므로 간단히 언급하고 가겠다. 사람들은 장래에 대해 불안하게 생각할 때 불안한 미래에 대비하기 위하여 소비를 줄이고 저축을 늘린다. 요즘 각 직종마다 고용이 불안하다. 평생 고용제가 무너지고 계약제가 늘어나는 추세다. 사람들은 있을 때 아끼자고 호주머니를 동여맨다. 이처럼 어떤 제도나 정책이 반드시 좋거나 나쁜 것만은 아니다.

물건이 너무 많은 배경에 중앙 집권이 있다 경제가 나빠지는 것, 즉 사람들의 소비가 생산만 못해지는 것은 경제 흐름의 이치로 그 현상이 반복된다. 사람의 몸이 아팠다 나았다 하는 것처럼. 물이 흐르면서 밀리고 당기고 하면서 높고 낮은 물결을 만들어내듯이 경제도 같은 이치다. 물건이 부족하여 공장을 짓느라 여념이 없다 보면 어느덧 물건이 과잉 생산된다. 물건이 과잉 생산되었다고 공장 짓기를 소홀히 하다 보면 물건이 부족하여 아우성을 친다. 이렇듯 경제란 불황과 호황이 자연스럽게 교차하도록 되어 있다. 그런데 요즘 시대에는 물건이 과잉 생산되어 있는 경향이 강하다.

그럼 왜 요즘에는 물건이 과잉 생산되고 있는가? 이게 내가 말하고 싶은 핵심이다. 과잉 생산되는 이유로는 여러 가지가 있겠지만(우스갯소리처럼 들리겠지만 과학자들이 너무 열심히 연구하는 것도 그 이유 중의 하나다) 우리나라의 경우에는 중앙 집권 때문에 그렇다.

중앙 집권 체제에서는 모든 게 집중되어 있는 게 일하기 편하다. 집중되어 있는 권력이 여기저기 돌아다니려면 귀찮지 않겠는가? 그래서 공장도 한 곳에 집중되어 있는 게 좋고, 기업에서 생산해 내는 재화도 거대한 공장에서 나오는 단일 품목이면 다루기가 더 편하다. 커다란 공장들이 특정한 곳에, 그것도 중앙 부처에서 멀지 않은 곳에 집중되어 있으면 더더욱 편할 것임은 말할 나위도 없다. 이렇게 되면 공장과 대도시를 잇는 큰 길을 몇 개만 내주어도 트럭들이 물건을 싣고 신나게 달릴 수 있을 것이다.

그리고 이왕에 비용을 많이 들여서 세운 큰 공장에서 만들어내는 물건이니 대량 생산하여 단가를 낮추어야 한다. 물건을 많이 만들었으니 남으면 처치 곤란할 터! 그러니 수출을 열심히 하자. 수출을 열심히 하려면 또 아무래도 공장이 항구 근처에 있어서 물류비를 아낄 수 있으면 더 좋다. 이러한 이유들로 해서 우리나라의 산업은 주로 수도권과 항구 근처에 위치하며 소품종 대량 생산이 그 특징이다.

그래서 몇 가지 안 되는 물건들이 대량으로 시장에 쏟아져 나오는데, 세계 사람들의 입맛은 까다로워 아기자기하게 작고 다양한 제품을 찾고, 설상가상으로 우리나라 사람들마저 소득이 제법 높아지자 옛날 같으면 감지덕지 하고 살 물건들도 이제는 이모저모 따져보고 취향에 따라 사소한 디자인 하나까지 살펴보고 구입하게 되었으니 쌓이는 것이 재고요, 늘어나는 게 할인점이다. 결국 만들어놓은 물건이 안 팔리니 경제가 어려워진 것이다. 우리나라의 IMF 구제 금융 사태는 사실상 이런 데서 비롯되었다.

안 팔리는 물건은 많은 자원이 투입되어 만들어졌다. 결국 그 많은 자원이 낭비된 셈이다. 이것도 경제가 어려워진 또 하나의 이유다. 그 자원이 다른 물건, 팔리는 물건을 만드는 데 쓰인다면 물건이 팔려 경제가 좋아질 테고 자원이 낭비되지 않아 경제가 좋아질 수밖에 없다.

경제적 어려움의 근저에 또 중앙 집권이 있다 결국 중앙 집권 체제가 물건의 과잉 생산과 비(非)다양성을 가져와 경제를 어렵게 만든 것이다. 그럼 도대체 어떻게 해야 경제가 좋아진다는 것인가? 이 책의 내용은 이 물음에 대한 답이다. 이 책에서 말하고자 하는 내용을

요약하자면 새로운 산업이 지방에 자리를 잡아 지방이 부흥되고 저소
득층의 소득이 상승할 때 경제 부흥이 가능하니 그러한 대책을 정책으
로 제시해 실천해야 한다는 것이다.

5 강남 땅값 오르면 우리 재산 다 뺏긴다

서울의 부동산은 블랙홀이다 부동산과 증권 가격에 형성되는 거품에 온 국민의 관심이 쏠려 있을 때였다. 당시 나는 블랙홀 이론을 살펴보다가 우리나라의 부동산 가격의 본질을 발견했다. 부동산 거품의 탄생은 흡사 무에서 유로의 물질 탄생의 현상과 같았다. 블랙홀은 그 강한 중력으로 인하여 주변의 모든 물체를 흡인한다. 흡인된 물체들은 그 중력에 눌려 아주 조그맣게 압축되고 부피당 중력은 무한대로 폭증한다. 커진 중력은 점점 더 많은 물체를 흡인하여 우주의 모든 물체를 흡인하여 한 점이 된다. 무거운 물체가 가벼운 물체를 흡인하는 실체를 보고 싶은가? 그렇다면 지금 당장 여러분 주변을 둘러보라. 무엇이 보이는가? 책상이 보이면 손가락으로 쓸어보라. 책상에 붙어 있는 먼지가 손가락에 묻을 것이다. 무거운 책상이 가벼운 먼지를 끌어당겨 자신에게 붙여놓은 현상을 여러분은 보았다. 만일 책상의 중력이 지금보다 1000억 배쯤 된다면 여러분도 거기에 붙어버릴지도 모른다.

우리나라의 부동산 가격도 블랙홀 이론으로 설명할 수 있다. 어떤 이유에서든 돈이 서울의 부동산 구입에 쓰이면서 서울 부동산 가격이 높이 오른다. 부동산 중력이 강해진다. 강해진 부동산 중력은 주변의 돈을 빨아들인다. 부동산 가격이 더 높아지면서 주변 돈을 더 빨아들인다. 빨아들이는 주변의 범위가 넓어지면서 전국의 돈이 서울을 향해 빨려가고 있다. 결국 이대로 가다가는 블랙홀이 온 우주를 삼키듯 전국의 모든 돈이 서울로 빨려가 서울 부동산은 블랙홀이 될 것이다. 블랙홀이 우주의 소멸을 의미하듯 부동산 블랙홀도 대한민국의 소멸을 뜻한다.

부동산 거품의 폐해　물론 서울의 부동산 가격이 올라가는 이유 중에는 타당한 것도 있을 것이다. 부동산의 경제적 활용 가치 상승 이익 때문에 가격이 오르는 것은 지극히 정당하다. 그러나 부동산 중력, 즉 부동산 가격이 크게 오르는 현상 때문에 생긴 부동산 가격 상승분은 거품이다. 이 거품은 마치 우주 블랙홀이 빅뱅으로 터지듯 언젠가는 꺼진다.

부동산 가격은 그 사회에 존재하는 돈의 총합을 초과하여 오를 수는 없다. 돈의 총합이 1,000억 원이면 아파트 가격이 아무리 오른다고 한들 전체를 합하여 1,000억 원을 초과할 수는 없다. 이것이 바로 수도권의 부동산 가격이 계속해서 오를 수 없는 이유다. 지방의 돈이 계속 강남으로 유입되지 않고, 나라의 부가 계속 증가하지 않는 한 강남의 부동산 가격이 영원히 상승할 수는 없다. 마침내 부동산 가격의 상승이 멈추고 나면 멈추는 데서 그치는 것이 아니라 폭락 사태를 유발하여 심각한 공황 상태를 만든다.

정상적인 경제 활동으로는 도저히 생겨날 수 없는 부동산 가격 상승이 일어나고 있다. 마치 우주에서 무(無)로부터 유(有)가 창조되듯이. 그렇다면 우주의 물질들도 결국 거품에 불과한 것인가! 부동산 가격 거품이 언젠가는 꺼지듯이 억겁의 세월 뒤에 우주의 물질들도 사라지고 또 거품이 새로 생겨나듯이 다시 무에서 유가 창조되는 순환이 반복되겠지만, 지금 우리가 사는 이 시대에 발생했다 소멸하는 부동산 가격 거품은 힘겹게 살아가는 사람들을 숨통을 짓누르니 이를 그대로 두고 볼 수는 없지 않겠는가.

부동산 가격 거품의 소멸은 무에서 창조된 부의 소멸을 의미한다. 부를 소멸당한 인간들의 경제적 충격과 그로 인한 국가 경제의 혼란은 자칫 국가 경제 존망을 위태롭게 할 수도 있다. 빚진 돈을 제때 갚지 못하면 기업이 붕괴한다. 무슨 대단한 일이 일어나야 기업이 붕괴하는 것은 아니다. 신뢰를 잃을 때 사람은 사회에서 도태된다. 무슨 큰 일이 일어나야 사람이 망하는 것도 아니다. 나라의 돈이 정상적인 경제적 유인(誘引)을 따라 흐르지 못하고 오로지 가격이 오른다는 사실의 유인을 따라 흐른다면 국민에게 필요한 부가 가치를 어찌 만들어내겠는가? 왜곡된 경제 모습을 줄이기 위해서라도 부동산 거품은 기필코 막아야 한다.

부동산 가격의 비대칭적인 상승도 커다란 문제이다. 부동산 가격이 지역이나 부동산 규모에 따라 서로 다르게 상승이 일어난다는 뜻이다. 자신의 주택 가격이 오르면 좋아하지 않을 사람은 별로 없다. 그러나 주택 가격이 과다하게 오르는 것은 모두에게 손실을 줄 뿐이다. 주택 가격이 오를 때는 작은 규모의 주택 가격 상승 크기보다 큰 규모의 주택 가격 상승 크기가 훨씬 더 크다. 그러니 작은 규모의 주택은 겉으로는 가격이 오른 것 같지만 실제로는 가격이 하락하는 셈이다.

우리 사회에 있는 돈이 모두 1억 원이라고 가정하자. 서울 강남 아파트와 지방 아파트 하나씩만 있고 그 가격이 5,000만 원씩이라고 가정하자. 이럴 때 강남 아파트 소유자와 지방 아파트 소유자는 사회 전 재산의 반을 소유하고 있다. 이때 사회의 돈이 4억 원으로 증가했는데, 강남 아파트 가격이 3억 원, 지방 아파트 가격이 1억 원으로 올랐다고 하자. 강남 아파트 소유자의 재산은 전체의 1/2에서 3/4으로 늘고, 지방 아파트 소유자의 재산은 전체의 1/2에서 1/4로 줄었다. 그런데도 지방 아파트 소유자는 가격이 5,000만 원에서 1억 원으로 올랐다고 좋아한다. 이런 현상을 가리켜 경제학에서는 '화폐 착각'이라고 부른다.

이와 같이 특정 지역 부동산 가격만 상승하면 가격이 오르지 않은 부동산 소유자나, 아예 부동산 자체를 소유하고 있지 않은 사람의 실질적인 재산은 줄어든다. 강남 부동산 가격은 오르고 비(非)강남 가격은 오르지 않으면 비강남 지역 사람들의 재산은 그 가치가 하락한다. 비강남 사람들의 돈이 강남 지역 사람들에게로 흘러가는 셈이다. 가난한 사람들의 처지가 더욱 어렵게 된다는 말이다. 수도권 부동산 가격을 안정시키지 못하는 한, 가뜩이나 지방의 가난한 사람들의 돈이 수도권의 부자들에게로 흘러가는 현상을 막을 수 없다.

중앙 집권은 부동산 가격 거품의 주범 그럼 도대체 무엇이 부동산 가격 거품의 주범이란 말인가. 나는 그 이유를 역시 중앙 집권에서 찾는다. 우리나라의 중앙 집권 체제는 서울 중심의 패러다임을 만들어 기업 활동도 중앙 부처가 있는 서울에서 하는 게 좋고, 사람이 그냥 놀고 지내더라도 여러 가지 문화 시설이 좋은 서울에서 사는 게 좋고, 대학도 서울에서 다는 것이 사람 사귀는 데나 문물을 접하는 데나 여러 모로 좋다. 그래서 사람이 사는 곳이나 사람이 근무하는 곳이나 사람이 이용하는 시설이 모두 서울에 집중되어 서울 부동산 가격이 다른 지방보다 큰 폭으로 상승하기 시작하였다. 부동산 가격 상승이 가격 상승을 부르는 블랙홀 행진이었다. 현실이 이러하니 지방 분권은 선택이 아니라 필수여야 하는 것이다.

6 사라진 내 고향 초등학교

시간을 내서 고향을 한번 가보라 사람들이 북적거리는 추석이나 설 때가 아니라 평상시에 시간을 내 가보라. 사람이 없어 텅 비어 있는 그 옛날 누군가 살았던 고향집을 한번 바라보고, 70이 넘으신 할아버지, 할머니들이 힘겹게 들판에서 일하시는 모습을 바라보라.

그리고 발을 옮겨 초등학생 시절 깔깔대며 친구들과 뛰어놀며 공부하던 당신의 모교를 한번 가보라. 수백 명이 시끌시끌하던 교정은 이제 분교가 되어 겨우 십 수 명의 초라한 후배들이 화전민의 자식들처럼 웅크리고 앉아 있는, 여러분의 어린 시절 모든 것인 고향의 학교를 한번 가보라.

분노 이전에 눈시울이 먼저 뜨거워질지도 모른다. 나라를 이 지경으로까지 운영했던 위정자들의 끝은 도대체 어디란 말인가! 다리 길어

좋다고 다리 길이만 90%인 사람이 그대는 보기 좋겠는가? 심장이 중요하다고 심장만 두고 간, 허파 신장 등은 내팽개치면 사람이 살 수가 있는가? 서울이 중요하다고 내 고향 다 버리고 노인만 살게 하면 대한민국이 온전할까? 그래서 균형이 필요한 것이고 중용이 필요한 것이다.

나는 이런 현실을 그냥 두고 보지 못하겠다. 서울이 좋다고 고향을 떠난 사람들이 원망스럽기까지 하다. 자식에게 농사는 죽어도 짓게 하지 않겠다고 서울로 자식 등 떠민 할아버지, 할머니가 좋아 보이지 않는다. 그러나 어쩌랴! 대한민국의 정책이 지방을 버리게 하고 서울을 택하게 한 정책이었던 것을. 그러니 무작정 서울로 서울로 갈밖에. 이와 같은 현실 속에서도 무너진 지방 정책에 대해 그 어떤 대책도 갖고 있지 못한 위정자들은 아직도 큰소리만 치고 있다. 진정 무너진 지방을 다시 살릴 방법은 없는 것인가.

이런 이유로 지방을 살리는 데 조금이나마 보탬이 될까하여 지방 운동가들이 모였다. 그리고 지방분권특별법, 국가균형발전특별법, 행정수도이전특별조치법 등을 우여곡절 끝에 만들어 국회에 제출했다. 그런 다음 서울에 사는 고향 인사들에게 이 세 가지 법을 통과시켜달라고 호소했다.

어려웠던 시절, 그 가난했던 시절에 형제 자매와 부모를 떠나 낮선 타향 서울에서 눈물을 머금고 오늘의 한국을 일구어낸 그 힘을 모아 이제 고향을 살리는 일에 동참하자고 호소했다. 그 동안 바쁘게 사느라고 잊었던 우리 고향의 희망이 되자고.

　그렇게 하여 이 세 가지 법은 2003년 12월 29일 여야 거의 만장 일
치로 통과되었다. 그리고 우리는 여의도 국회의사당 앞에서 눈물의 만
세를 불렀다. 벅찬 가슴을 안고 마치 독립 운동가라도 된 것처럼 목이
터져라 만세를 외쳤다.

제3장

우리들 지난날의 자화상

　중앙 집권 체제가 우리나라를 어렵게 만든 데에는 중앙 집권 체제에 맞추어 행동한 우리들의 자화상이 있다. 기업들은 '우선 먹기는 곶감이 달다'면서 중앙 집권 체제의 달콤함에 안주하였고, 지방자치단체들은 스스로 지방을 끌고 가지 않고 중앙 정부의 지원에 지방의 운명을 맡겨두었다.

　중앙 정부는 시혜를 베푸는 데 바빠서 지방의 자립심을 키워야 한다는 생각은 하지도 않았다. 그러면서 지방을 탈출하는 사람들을 서울로 받아들이는 데만 바빴다.

1 사명감에 불타는 아마추어 기업이 그립다

우리나라의 과거 성공 요인은 중앙 집권 체제였다 이제 일본을 다녀오는 우리나라 관광객들 손에는 '코끼리 밥통'은 들려 있지 않다. '소니'나 '내셔널' 같은 전자 제품도 들려 있지 않다. 그저 기념품 몇 개를 그야말로 기념으로 들고 올 뿐이다. 우수한 우리 제품을 두고 굳이 귀찮게 일본 제품을 사들고 올 필요가 없어서이다. 우리나라에서 생산한 디지털카메라, 핸드폰 등 각종 전자 제품이 세계 시장을 석권하고 있는 시대에 우리는 살고 있다.

1960년대 초 우리나라의 소득 수준은 아프리카의 수단보다도 적었다. 2005년 지금 한국은 세계 10위의 선진 경제권에 진입해 있다. 이것은 세계에서 유례가 없는 일이다.

우리나라 기업들이 그토록 암담했던 1960년대의 현실을 박차고 오늘의 기적을 이룩한 비밀은 무엇일까? 김인수 교수는 『모방에서 혁신으로(임윤철·이호선 역)』(SIGMA INSIGHT, 2000)에서 우리 기업의 '신속한 기술 습득' 을 가장 큰 요인으로 꼽는다. 우리 기업들은 선진국에서 검증된 기술을 신속히 습득하여 생산성 향상에 사용했다. 모방을 통한 혁신이 성공 요인이었다는 것이다.

김 교수는 한국 경제 성공 요인의 그 다음 요소로 소수 엘리트 관료들이 움직이는 강력한 정부의 역할을 든다. 기술 습득의 엔진 역할을 할 대기업을 선정하여 지원하고, 전략 산업을 지정하고, 달성할 목표를 부여해 주고, 그들에게 적절한 위기감을 주면서 수출을 장려하였다. 그 결과로 오늘의 고도 성장을 이룰 수 있었다는 것이다.

중앙 집권적인 강력한 정부가 대기업 우선의 경제 정책을 실시하였고 대기업들은 그 정책을 잘 받아들여 기술 모방을 하였기에 경제를 성공으로 이끌었다는 것이다. 결국 중앙 집권 체제가 우리 경제를 이만큼 이끌어왔다고 볼 수 있겠다.

중앙 집권 체제가 중소 기업에게 남긴 상처　중앙 집권 체제의 이 같은 장점은 동시에 우리 경제에 커다란 짐이 되기도 하였다. 중앙 집권 체제에서 대기업이 그 장점을 한껏 발휘하고, 정부가 대기업만을 바라보고 있는 한쪽에서 중소 기업들은 대기업의 횡포와 정부의 안이한 대책으로 인해 어려운 시기를 보낼 수밖에 없었다. 중소 기업이 개발해 놓은 혁신 기술 제품을 대기업이 가로채는 일은 우리나라에서 매우 흔한 일이다. 중소 기업은 정부와 대기업 양측에서 어려움을 당하고 있었던 것이다. 대기업의 성장에 중소 기업이 보조를 맞추지 못하자 대기업들은 핵심 부품의 조달을 외국에 의존할 수밖에 없는 촌극이 벌어질 지경에까지 이르게 되었다.

1980년대 초반에 들어서서 정부는 중소 기업을 위해 정책을 만들어내기 시작했다. 하지만 정책의 기조가 바뀐 것은 아니었다. 향후 경제는 기술 혁신에 달려 있다. 경쟁이 치열한 시장에서 남의 기술을 모방하여 뒤따라가는 전략으로는 선진국 진입이 불가능하다. 중소 기업이 기술 개발에서 더 혁신적이라는 점은 이미 많은 연구로 밝혀진 일이다. 혁신을 요구하는 미래 환경에서는 중소 기업이 더 적합하다는 의미다. 이런 점을 우려한 김 교수는 정부가 인위적으로 국가 자원을 할당해 주고 사업권을 주는 방식에 익숙한 대기업들이 시장 경제에 적응하는 데 짐이 될 것이라고 전망하며 우리 경제의 창의성 향상을 통한 경쟁력 제고를 위해 분권화가 필수불가결한 조치가 될 것이라고 호소하고 있다. 하루빨리 중앙 집권 체제에서 벗어나야 할 또 하나의 이유인 것이다.

원가 절감만이 살길은 아니다 중앙 집권 체제 아래서 정부가 내주는 사업권을 가지고 경영을 하는 기업들이 있다. 이들 중 시장 체제와는 거리가 먼 경영을 해오는 데 익숙한 기업들이라면 지정받은 사업에서 이익을 남기는 가장 유력한 전략은 바로 원가 절감이었을 것이다. 이런 식으로 하는 사업도 사업이라고 말해야 할지 모르겠지만 말이다. 하여간 이미 판로를 보장받은 사업권을 받았는데 남은 일이라고는 원가 절감밖에 무엇이 더 있겠는가! 물건이 팔리지 않는데 원가만 절감하고 있으면 해결이 될까? 소비자들의 취향은 날로 변해 가는데 정책 자금만 받으면 안 팔리는 물건이 팔릴까? 가야 할 방향을 잘못 설정하고 아무리 열심히 원가 절감하며 달리면 뭘 하겠는가. 결과는 이미 불 보듯 뻔한데 말이다.

소비자와 시장을 제대로 보지 않고 원가만을 계산하는 경영을 기업 경영이라고 하고 있던 자들이 시장 친화적인 정책을 실시하라고 큰 소리치는 것을 보면 실소를 금할 수 없다. 아마 그들이 생각하는 시장 친화적 정책이란 기업에 대한 각종 특혜 덩어리 정책일 것이다. 우리 경제가 살려면 모든 기업에서 써 붙인 원가 절감이라는 구호를 당장 없애야 한다. 중앙 집권 체제의 폐해는 이렇게도 넓고 깊숙하게 퍼져 있다.

아마추어인가 프로인가 사람들은 프로를 좋아한다. 일을 멋지게 제대로 해내는 고급 전문인을 프로라고 생각하기 때문이다. 그러나 프로의 정의는 돈을 주어야 일을 하는 사람들이다. 일을 잘하고 못하고 를 떠나서 돈을 받고 일하는 사람들은 모두 프로다. 그러나 아마추어 는 돈을 받고 일하지 않는다.

그래서 나는 아마추어 기업가를 원한다. 자신이 사는 지역과 국가 와 국민을 위해 내가 아니면 이런 물건을 누가 만들어 팔겠느냐는 사 명감에 불타는 그런 기업가를 말이다. 너무 황당하게 들릴지도 모르겠 다. 기업가란 원래 돈을 목표로 하는 존재인데 그게 도대체 무슨 말이냐고 반문할 사람도 많을 것이다. 기업가가 열심히 돈을 벌면 그것이 사회에 기여하는 것이지 무슨 말이냐는 사람도 있을 것이다. 그러나 나는 이것도 잘못된 상식일 수 있다고 말하고 싶다. 내 개인적인 생각은 사명감에 불타 최선을 다한 기업가가 버는 돈만이 정당한 돈이라고 본다. 사람이 일하는 데는 늘 정당한 대가가 뒤따르게 마련이기 때문이다. 기업가가 사람들이 꼭 원하는 제품을 꼭 맞는 가격에 최선의 품질로 판매하는데 왜 돈을 벌지 못하겠는가? 그래서 나는 돈만 아는 프로 보다는 사명감에 불타는 아마추어가 이 시대에 더 필요한 존재라고 본다.

중앙 집권 체제의 비극은 여기서 끝나지 않는다. 중앙 정부가 시켜서 하는 사업을 하다 보니 사업이 안정되고 그러다 보니 사람들이 모여들고 그러다 보니 그 지역의 땅값이 오른다. 혹여 사업이 망해도 오른 땅값 때문에 회사는 망하지 않는다.

중앙 집권 체제하에서는 기업이 연구 개발 투자에도 적극적이지 않다. 정해 준 사업을 하는데 무슨 연구가 필요하겠는가. 중앙 정부가 다 연구해서 사업 결정을 해주었는데 무슨 연구가 필요하겠는가? 비용만 드는데 말이다. 2002년 기준으로 우리나라 전체의 민간 연구 개발 투자비는 102억 달러로 미국의 개별 기업 한 개 수준(포드 74억 달러, GM 62억 달러)을 겨우 웃도는 수준이다. 그런데도 늘 구호는 '세계 초일류 기업'이다. 선진국이 되려면 남이 만들지 못하는 첨단 제품을 쏟아내도 힘든 판국이다. 그러려면 연구 개발 투자가 충분히 뒷받침되어야 한다. 그러나 우리는 그럴 여력도 없고 생각도 없다. 나라부터 기초 연구는 늘 뒷전인데 무슨 말이 더 필요하겠는가.

지금부터 하면 된다고 말하고 싶을 것이다. 요즘 이와 같은 기업이 어디 있느냐고 말하고 싶을 것이다. 물론 그렇지 않을지도 모른다. 그러나 문제는 우리 기업의 습성이 이미 그렇게 형성되어 있다는 사실이다. 습성은 참으로 무서운 것이다. 그러나 그 오랜 습성은 지금 우리 기업들의 저조한 연구 개발로 나타나고 있다.

중앙 집권 체제는 소품종 대량 생산 체제를 가져왔다. 소수의 제품 몇 개를 대량 생산하여 원가를 낮추어 승부하는 이런 전략은 창의성과는 거리가 멀다. 이런 기업들이 어떻게 날로 까다로워지는 소비자들의 다양한 입맛을 충족시키겠는가. 이것 역시 중앙 집권 체제가 낳은 부작용 중 하나이다.

2 중앙 정부에 건의만 하면 해결이 되나?

중앙 정부와 지방 정부의 지원을 거절한 상하이 부시장 “우리는 상하이 스타디움을 지으면서… 중앙 정부나 시 정부로부터 한 푼의 보조나 기부금도 받지 않을 것임은 물론이고… 각종 부과금을 거두는 일도 절대 하지 않을 것이다.”

1993년 중국 상하이 시(市)의 공쉐핑 부시장이 4년 후에 개최될 전국 체육 대회에 필요한 체육 시설 건설 책임을 맡고 세상을 향해 한 말이다. 당시 상하이 시는 체육 시설 건설을 위해 상하이 스타디움을 설립하여 공쉐핑 부시장에게 사장직을 맡겼다. 공 부시장은 정말로 기부금, 보조금, 재정지원 등을 전혀 받지 않았다. 심지어 상하이 시로부터의 지원도 받지 않았다. 오히려 ‘기부금과 보조를 절대로 받지 않는다’는 광고를 신문에 게재했다.

이런 일이 어떻게 가능하단 말인가. 이런 경우도 있단 말인가. 공부시장의 말을 더 인용하겠다.

"… 그리고… 후에는 잘 사용되지도 않고 보수 유지에 엄청난 돈이 드는 골치 덩어리가 되는 그런 짓은 하지 않을 것이다. … 우리는 그 이후도 생각하여 수익 사업 시설로서 체육 시설을 준비할 것이다. 이런 차원에서… 처음부터 여러 목적으로 활용되도록 계획을 세우고 이익을 내서 자립 경영이 가능하도록 할 것이다."

적자 경영은 아예 생각지도 않고 큰소리만 친 것 같은데 그러나 어쩌랴. 이 호언 장담이 현실로 입증되었으니 말이다.

이 체육 시설의 백미는 1층과 2층 스탠드 중간의 빈 공간을 활용하여 운동장 전체를 삥 둘러 만든 104개의 특별 관람실이다. 15평 정도 되는 이 방 밖에는 운동장에서 볼 수 있는 곳에 광고 현수막을 부착할 수 있도록 했다. 말하자면 상하이 스타디움의 특별 관람석은 경기를 방에서 관람할 수 있는 관람석이자 광고를 할 수 있는 홍보실이다. 분양 당시 15평짜리 이전용 특별실 분양가는 60만 달러였다. 아니, 축구 경기좀 구경하려고 우리 돈 6억 원에 해당하는 엄청난 돈을 쏟아 붓는 사람이 있을까?

하지만 중국 인구는 12억 명을 넘어섰다. 중국에서 가장 큰 체육 시설이니 각종 행사나 경기가 가장 많이 벌어질 테고 그 행사나 경기가 그 넓은 중국 전역에 방송될 때 특별 관람석에 부착된 자기 회사의 광고를 전 중국인이 보게 된다고 생각해 보라. 결국 이 방들은 기업인들이 앞다투어 구입하였고 이미 중국 최상류층의 사교장이 되어 있다

상하이 스타디움

고 한다. 특히 회사 브랜드를 중국인에게 널리 알릴 필요가 있었던 외국 기업들의 분양 신청이 쇄도하였다고 하니 공쉐핑 부시장이 큰소리친 이유가 바로 이것이었을 것이다.

이외에도 상하이 스타디움에는 버리는 공간이 거의 없다. 이를테면 유휴 공간을 활용하여 전시장 및 쇼핑 센터를 만들고, 지하에는 인공 해변, 서핑장, 수영장 그리고 돌고래 묘기장 등을 만들어 일 년 내내 성업 중이다.

처음에는 과연 체육 시설이 이익을 낼 수 있을까 하고 의구심을 가진 은행들이 대출을 꺼렸지만 나중에는 오히려 대출을 받으라고 조르는 실정이 되었다. 또한 많은 운동 경기와 세계적인 팝 가수들의 공연 등 여러 목적으로 사용 신청이 쇄도하여 일 년 이상의 스케줄로 꽉 차 있다고 한다.

요즘 많은 한국인들이 상하이의 급부상에 놀라워한다. 하지만 그 이면에 이와 같은 중국인들의 남다른 정신과 실천이 자리하고 있음도 알아야 할 것이다.

개장한 월드컵 경기장을 놓고 고심하는 나라　월드컵 경기장을 지을 때 중앙 정부 지원 타령으로 허송 세월을 하던 우리의 모습이 떠오른다. 같은 경기장을 만드는데 어쩌면 이렇게도 다를까 하는 생각마저 든다. 우리는 그저 축구 경기장을 짓는 데 급급했다. 축구장을 짓는 목적이 오로지 월드컵 경기를 하는 데 있었기 때문이다. 축구장 이름도 마음에 들지 않는다. 각기 지역 이름을 따서 OO 월드컵 경기장이다. 아니 그 경기장에서는 날마다 월드컵 경기만 하는가? 월드컵이 지상 최대의 과제인 나라가 어디 있는가? 한 번 치르고 말 월드컵을 위해서가 아니라 국민을 위해 경기장을 짓는 게 옳다.

그렇게 하려면 축구 경기 외에 무슨 사업으로 축구 경기장을 흑자로 꾸려갈 것인지에 대한 구체적인 비전이 필요했다. 물론 우리라고 사전 준비를 전혀 하지 않았을 리는 만무하다. 월드컵 경기장 건립 준비를 위한 보고서들을 읽어보면 "경기장 건설 단계에서부터 경기장의 가동률 및 수익성을 높일 수 있는 구조로 건설해야 한다"라고 누누이 강조하고 있다.

그러나 우리들의 관심사는 활용 방안보다 다른 곳에 있었다. 그것은 바로 건설비 조달 방안, 정부와 지방자치단체 및 축구 협회 간의 주도권 싸움, 공사 발주처와 시공사들의 돈에 대한 애정 그리고 중앙 정부의 대폭 지원 등이었다. 그 중에서도 '중앙 정부의 대폭 지원'은 우리들의 관심의 범위를 넘어 지방 정부의 유일한 비전이었다.

그리고는 월드컵 경기가 끝난 후에야 월드컵 경기장 활용 방안에 대하여 수많은 토론회가 열렸다. 나도 월드컵 경기장 활용 방안에 대한 이런저런 토론회에 참석했었다. 도대체 사후 활용과는 상관없이 건설된 경기장의 수익 창출을 어떻게 하라는 말인지 참으로 답답한 토론장이었다.

나는 토론장에서 "우리나라 월드컵 경기장은 애초부터 공익 기능이 우선인 것 같으니 이익 창출은 생각지도 말고 차라리 시민에게 돌려주어 시민 활용도나 높이자"고 말했다. 사후 경기장 활용은 아랑곳하지 않고 눈앞의 이익만 쫓는 결과였고 중앙 정부의 지원에만 매달리는 우리나라 지방 정부의 오랜 관습이 낳은 폐단이기도 하다.

관건은 자발성이 있느냐 없느냐다 왜 우리는 월드컵 경기장을 건설할 때 정부가 모든 돈을 대부분 내야 하는데 중국에서는 그렇지 않아도 되었는가? 공쉐핑 부시장과 같은 능력을 가진 사람이 우리에겐 없단 말인가? 이런 한탄을 하다 보면 마치 우리 민족의 능력이 부족하여 어쩔 수 없다는 자조(自嘲)로 흐르기 십상이지만, 이 문제는 민족의 능력 문제가 아니다. 그런데 왜 우리나라의 지방자치단체들은 중앙 정부 지원을 왜 그렇게 바라는가? 여기엔 무언가 그 원인이 있다.

나는 상하이 스타디움과 우리나라 월드컵 경기장 간의 가장 근본적인 차이는 자발성 여부에 있다고 생각한다. 상하이 스타디움은 상하이 시에서 지역 발전을 위해 고심하던 중 자발적으로 프로그램을 생각해 내서 만들어낸 작품이다. 상하이 시는 중국과 상하이의 현실을 고려해 지역 발전의 사명감 토대 위에 자발적으로 스타디움을 생각해 냈고 그 계획을 성공적으로 이루어낼 방안을 끊임없이 모색했을 것이다. 사명감에 불타면 생각이 샘솟게 되어 있다.

중국의 그 수많은 인구, 중국을 탐내는 세계의 기업들, 그 넓은 중국에서 가장 자본주의적인 상하이, 세계적인 축구 열풍 등등. 이 단어들을 조합하면 상하이 스타디움이 어떻게 세워져야 하는지 답이 나오는 것이다. 우리의 현실을 조합하면 우리에게 맞는 답은 상하이 스타디움과는 다르게 나올 것이다. 모방만 할 게 아니라 우리의 형편을 먼저 살핀 후 실행해야 오차가 줄어든다는 말이다.

우리나라의 월드컵 경기장은 월드컵 개최 도시들의 자발적인 작품이 아니다. 국가적 차원에서 월드컵을 유치했고 각 도시들은 그 과실을 얻어 오기에 급급했다. 지원금이 얼마인데… 하는 생각에 월드컵 경기장 유치가 그 과실이라고 믿었을 것이다. 기간을 정해 놓고 급히 지어야 하는 경기장과 그 안에 무엇을 채울 것인가를 오랜 기간 고심하면서 탄생시킨 경기장은 다를 수밖에 없다. 남이 준 돈을 가지고 하는 사업과 자기가 조달하여 하는 사업 역시 사뭇 다를 것이다. 남이 정해준 과제와 자기 스스로 정한 과제를 대하는 태도에 차이가 있음은 당연한 일이다.

그렇다면 우리나라의 자발성 부족은 어디에서 오는가? 조성기가

『유일한 평전』(작은 씨앗, 2005)에서 소개한 유일한 선생의 회고를 보면 서재필 선생도 한국 사람들의 의존 정신을 개탄하고 있다. 일제로부터 독립을 하더라도 우리가 스스로 쟁취해야 한다는 것이다. 남이 주는 독립이 과연 우리를 위한 것이겠느냐는 탄식이었다. 나는 거기에 덧붙여 근래의 중앙 의존성의 이유를 중앙 집권에서 찾는다. 고도 성장기를 거치면서 중앙 집권 체제가 보여준 중앙 정부 카리스마에 대한 대국민 최면 효과는 너무나 컸다. 지방은 중앙 정부가 세운 계획을 충실히 따르기만 하면 되었다. 임명된 단체장은 맡은 지역을 위해 최선을 다하기보다는 임명권자인 중앙 정부만 쳐다보았다. 중앙 정부가 계획하지 않은 그림을 그려 의견을 내놓아도 빼곡히 쌓여 있는 중앙 정부의 각종 계획들 앞에서 맥을 출 수가 없다.

설령 지방 정부에게 기회를 준다고 해도 중앙 정부에 모여 있는 나라 예산은 지방에서 볼 때는 가져다 쓰는 곳이 임자인 주인 없는 돈이다. 신중한 계획을 세울 시간이 없다. 아무 사업이나 예산이 많이 드는 커다란 사업을 유치하여 지방에 돈을 가져오자는 생각만 팽배해지기에 이르렀다.

중요한 건 변화와 혁신 그리고 자율성이다 중국은 우리나라보다 더 심한 계획 경제를 실시해 온 사회주의 국가였다. 왜 통제의 극을 달리는 사회주의 국가에서도 자발적인 일들을 저렇게 잘하는데 우리나라는 아무리 중앙 집권 체제였다고는 하지만 그래도 자본주의 국가인데 중국보다도 자발성이 떨어진다는 것이 말이 되는가?

궁색하기는 하지만 그래서 희망이 있는 것 아닌가. 사회주의 국가인 중국도 이렇게 변화하는데 우리라고 왜 못하겠는가? 중국 상하이는 변화와 혁신을 거듭하고 있는데 안주하려는 경향이 너무 강한 우리는 아직 그렇지 못했다.

지역의 자립과 자율이 강조되는 이유는 어쩌면 자립과 자율이 더 효율적이어서가 아니라 아무도 우리를 도와주지 않기 때문일지도 모른다. 이제 우리 스스로 힘차게 일어서야 한다.

더구나 이제 앞으로는 서울만 가지고는 이 나라를 지탱할 수 없다. 서울의 역할을 지방이 일부 맡아야 한다. 지방이 세계 시장에서 당당히 설 수 있어야 한다. 중앙 정부에 의존만 하려는 생각을 가지고는 세계 시장으로 나아갈 수 없다.

지금까지 국가가 선진국으로 가기 위해 노력을 해온 시대라면, 앞으로는 지방이 선진 지역으로 가기 위해 노력을 해야 할 때이다. 그래야 살 수 있다. 정신없이 변화하는 글로벌 시대에 지방이 살고 대한민국이 살고 우리가 살 수 있는 길이다.

3 위 확대 수술을 해서라도 밥을 먹이려는가

엘리베이터가 있으니 탄다　주말 오후 아파트 현관에서 엘리베이터를 목이 빠져라 기다리고 있는 빨간 등산복 차림의 등산객을 본 적이 있는가? 하루 종일 그 높은 산도 마다하지 않고 씩씩하게 오르던 사람이 왜 자기 아파트에 와서는 겨우 5층을 걸어가지 않고 꼭 엘리베이터를 타야만 하는 걸까?

그 이유는 간단하다. 거기에 엘리베이터가 있어서다. 견물생심(見物生心)인 것이다. 말고삐를 잡으면 타고 싶은 것이 사람 마음이다.

나에게는 이 이치가 너무나 분명한데 정책 담당자들에게는 그렇지 않은가 보다. 도로가 좁다고 하면 도로를 넓혀주고, 주차장이 부족하다고 하면 주차장을 늘려주고, 택지가 부족하다고 하면 산을 뭉개서라도 택지를 공급하느라 여념이 없다. 경제 전문가들에게도 이 이치는 들어오지 않나 보다. 부동산 가격 상승은 토지 부족이 원인이니 택지를 늘려 부동산 가격을 잡으라고 경제 원론적 처방을 열심히도 해댄다. 그들은 정말로 그렇게 믿는 것일까? 부족하다고 해서 아파트를 100채 늘리면 그것을 견물한 사람들이 200명이나 몰려와 가격을 더 올려놓던 지난날의 역사는 그들에게는 머나 먼 나라의 것임이 분명하다.

이런 이야기를 하다 보니 서울이 열악하다고 외치던 어느 방송 프로그램이 생각난다.

"네, 그러면 각 1인당 도서관 수를 지역별로 살펴보겠습니다. … 이런! 서울이 가장 열악하군요. 아, 저는 서울이 그 정도인 줄은 몰랐습니다"라고 하면서 프로그램 진행자는 놀랍다는 반응을 보였다.

사람이 다 빠져나간 산골 초등학교의 학생 1인당 도서관 좌석 수는 사실 무한대다. 사람이 없어서 1인당 시설 수가 늘어난 것이 풍족한 현실을 반영한단 말인가? 시골의 빈집들이 늘어나는데 시골은 1인당 주택 보급률이 높아 참으로 풍족하다고 어리석은 분석을 언제까지 하고 있을 텐가?

비위 맞추려다 배를 짼 서울 중앙 집권 체제는 필연적으로 서울 집중을 가져왔다. 서울 집중은 다시 서울 사람들 서로에게 불편을 초래했다. 이를테면 주택이 부족하고, 교통이 혼잡하고, 환경이 오염되고, 공장 부지가 부족하게 된 것이다. 서울 사람들은 그 불편을 호소하기 시작했다. 중앙 정부는 그 불편 해소에 총력을 기울였다. 주택 공급을 늘리고, 도로를 넓히고 고가도로도 놓아주고, 환경 오염 제거 시설도 열심히 하고, 공장 부지도 자꾸자꾸 늘려주었다. 그랬더니 아이고 좋아라 하면서 더 많은 사람들이 좋아진 서울로 "종이 울리네, 꽃이 피네… 아름다운 서울에서 서울에서 살렵니다"라고 합창을 하며 꾸역꾸역 몰려들었다. 그 여세 때문에 수도권 인구는 매년 30만 명에서 35만 명씩 늘어나고 있다.

하지만 이미 포화 상태인 서울은 홍수처럼 몰려드는 그 많은 인원을 도저히 감당할 수 없었다. 이제 그만 오라고 외쳐도 아무런 소용이 없었다. 사람들이 원한다고, 다시 말해 공급이 부족하다고 공급을 늘려준 값을 정부는 톡톡히 치러야 했다. 그 값이 급기야 서울 밖에다 위성 도시를 만든 일이었다. 그런데 그 위성 도시를 만들어주고 또 사람들이 불편해 하니 전철을 또 열심히 만들어 서울로 연결시켜주었다. "아이고, 위성 도시도 서울 못지않게 참 좋구만" 하면서 사람들은 다시 한 번 위성 도시로 몰려들었다.

이대로 나간다면 앞으로 수도권에 매년 위성 도시 하나씩이 필요하다. 32만 명을 수용할 위성 도시를 만들려면 건설 비용은 판교 신도시 기준으로 43조 원이 든다. 이 천문학적인 비용을 상상이나 해보았는가? 오로지 사람이 살기 위한 터전을 만들기 위해 정부가 매년 그 많은 돈을 써야 한다는 사실을 생각해 보았는가 말이다. 그 위성 도시에 살고자 하는 사람들은 현재 다른 지방에 집이 있는 사람들이라는 것을 생각해 보았는가. 전국토가 고루 발전되어 있다면, 행정 수도를 건설했다면 사람들이 굳이 위성 도시로 갈 이유가 없다. 정부 또한 위성 도시를 건설하기 위해 그 많은 예산을 들여 해마다 짓지 않아도 된다는 결론이 나온다.

지금은 무산된 신행정 수도 건설비는 45조 원이었다. 수도권 위성 도시 건설비나 비슷한 금액이었다. 돈 많이 쓴다고 얼마나 난리였는지 기억할 것이다. 이제 행정 수도는 행정 도시로 축소되었다. 그리고 여전히 수도권 정치인의 반대에 몰리고 있다. 매년 위성 도시 짓는 데는 침묵으로 일관하거나 더 많이 지으라고 안달인 사람들이 지방에 행정 도시, 혁신 도시 딱 한 차례 짓는 데는 어찌 그렇게도 인색할 수 있단 말인가.

무조건 해준다고 해결되지는 않는다　서울을 찢어 수도권에 매년 위성 도시를 공급했던 정책 당국자도 자기 일이라면 그렇게 하지는 않을 것이다. 공급 확대를 주장하는 경제학자들도 자기 일이라면 그렇게 주장하지는 못할 것이다. 국민이 자기이고 자기 식구라면 그렇게 하지는 못할 것이다. 자기 몸이 술을 원한다고 날마다 술을 마시면 몸이 어찌 되겠는가? 알코올 중독자가 될 것이다. 자기 아이가 날마다 놀고 싶다고 말한다고 해서 날마다 놀기만 하라고 하는 부모가 있겠는가 말이다.

청계천에 고가도로를 놓아야 교통난이 해결된다는 아우성 때문에 청계천에 고가도로를 만들었다. 교통난이 해결되었는가? 이제는 사람들에게 더 나은 환경을 선사해야 한다며 교통 시설을 없애고 하천을 만들었다. 청계천을 갈아엎기 시작했을 때 고가도로를 없애면 교통 대란이 있을 것이라고 한쪽에서는 호들갑을 떨었다. 그렇다면 지금 어떤가? 교통 대란이 발생되는가? 부족하다고 인식되는 재화나 시설의 공급 증대는 일반적으로 그 이상의 수요를 만들어낸다. 주차장이 부족할 때 하루 500대 분의 주차 용량을 늘리면 1000대의 차량이 몰려온다. 어떤 차량이 오는가? 옛날에는 주차장이 좁아 올 수가 없었지만 이제는 주차장이 넓어져 올 수 있게 된 차량들이다. 차량이 막힌다고 하여 도로를 넓혀 하루 1만 대가 더 지나가게 하면 2만 대의 차량이 몰려온다. 다른 곳으로 다니던 차량도 이쪽 도로가 넓혀졌다는 소식을 듣고 몰려오는 것이다.

늘려준 공급이 불쏘시개가 되기도 한다 이런 현상을 나는 공급의 '불쏘시개 효과' 라고 부르고 싶다. 불쏘시개 효과란 무언가가 부족하다고 아우성을 칠 때 공급을 늘려주면 늘어난 공급을 불쏘시개 삼아 수요는 더욱더 활활 타오르는 것을 말한다. 목마른 자에게 주는 짠 바닷물 한 모금은 물을 마시고자 하는 욕망을 더욱 증폭시킬 뿐이다.

서울의 확대가 오히려 더욱 심한 혼잡을 가져오는 이유가 바로 여기에 있다. 서울에 부동산 택지를 공급하는 것은 짠 바닷물을 목마른 자에게 먹이는 형국이다. 부동산 가격을 잡느라고 부동산 공급을 늘리면 오히려 부동산 가격이 폭등하는 이유 또한 여기에 있다. 이 엄연한 현실 앞에서 공급을 늘리면 가격이 내린다고 계속 주장을 할 수 있을까? 군이 경제학 강의식의 표현을 쓰자면 공급을 늘릴 때 가격이 내려가려면 수요가 일정하다는 가정이 필요한데, 수요가 일정하다는 그 가정이 맞지 않다는 말이다. 수요가 폭발적으로 늘어버리니 가격이 오히려 증가할 수밖에.

이런 시나리오는 어떤가? 서울이 혼잡을 호소한다. 그 호소에 지방의 개선으로 묵묵히 대응한다. 혼잡에 시달린 사람들이 서울 탈출을 시도한다. 텅텅 비어 마냥 놀리고만 있던 지방의 자원이 활용되고 서울은 쾌적해져 생산성이 올라간다.

말이 안 되는 것 같은가? 그럼 이런 시나리오는 어떨까? 서울이 교통 혼잡을 호소한다. 그 호소를 묵살하고 오히려 도로를 좁힌 후 그 공간에 자전거 도로를 만든다. 교통이 전보다 더 밀리니 사람들은 차를 두고 자전거를 가지고 나온다. 차량이 적어지니 환경 오염이 줄고 쾌적해져 사람들은 점점 더 자전거를 많이 이용한다. 꼭 필요해서 차를 가져와야 하는 사람들은 차량 속도가 빨라져서 예전보다 더 좋다고 한다. 이러면 모두가 행복한 것 아닌가? 이 시나리오는 어떤가? 일리가 있는 얘기임에는 틀림없지 않은가. 서울과 지방 사이에도 완벽하게 같은 시나리오가 적용된다. 그래도 동의하지 못하겠는가?

이제는 공급이 부족하니 늘려야 된다는 말은 그만 들었으면 좋겠다. 하지만 그들은 그 주장을 멈추지 않을 것이다. 왜냐 하면 그들은 그렇게 배운 전문가들이니까.

2

지방 분권과 분산은 왜 우리를 구제하는가

제1장 이제 대한민국은

제2장 우리를 구제할 분권과 분산

제3장 새 메커니즘의 실천 원칙

이제 대한민국은

우리는 이제 새로운 방향으로 가야한다. 패러다임을 바꾸자는 말이다. 익숙한 옛날에 안주하지 말고 낯설지만 새로운 패러다임에 우리를 맡겨야 한다. 내가 사는 터전을 잘 가꾸어 세계로 나가는 준비를 해야 한다.

중앙 집중의 효율을 추구하던 중앙 집권에서 분산의 효율을 추구하는 지방 분권으로 틀을 바꾸자. 큰아들에 집중 투자하여 성공시킨 뒤 큰아들로 하여금 형제를 돌보게 하던 불균형 성장론에서 아들과 딸 모두에게 기회를 주고 교육시켜 각자가 스스로 험한 세상을 헤쳐 나가게 하는 균형 발전론으로 그 틀을 바꾸자.

1   # 정착하면 죽는다

1 정착하면 죽는다

죽고 사는 두 가지 길   두 개구리가 크림에 빠졌다. 한 개구리가 자기가 빠진 크림 구덩이를 보니 겁이 났다.

'아이고, 이제 나는 죽었구나.'

겁이 난 개구리는 아무런 행동도 취하지 않고 그 구덩이에 가만히 앉아 두려움에 떨다가 굶어 죽었다. 다른 개구리 한 마리는 그런 암울한 현실 속에서도 굴하지 않고 어떻게든 구덩이에서 빠져나오려고 이런저런 온갖 궁리를 하여 튀어나오려고 발버둥을 치면서 크림을 밟아댔다. 그런데 그 크림이란 게 자꾸 반죽을 해주면 버터가 된다고 한다. 하여간 개구리의 발버둥으로 크림은 버터가 되어 굳어졌고 개구리는 굳은 버터를 딛고 구덩이 밖으로 뛰어나왔다는 이야기를 들어본 적이 있는가. 하기야 개구리를 끓는 물에 넣으면 '앗 뜨거워' 하고 튀어나와 살 수 있지만, 찬물에 넣고 서서히 온도를 높이면 서서히 뜨거워지는 물속에서 죽어가는 줄도 모르고 죽고 만다는 이야기가 더 제격일지도 모르겠다.

부시맨을 기억하는가? 영화에도 출연했던 그 부시맨이 사슴을 잡은 무용담을 소개하겠다. 동네 아주머니들이 부시맨에게 사슴을 한 마리 잡아달라고 성화가 대단했다. 부시맨은 틀림없이 잡아주겠노라고 호언장담했다. 그러나 그 작은 체구로 사슴을 잡는다는 게 쉽지가 않았다. 하루 이틀 날짜가 흘러갔다. 온 들판을 돌아다니며 사슴을 찾아 헤맨 그는 여러 차례 사슴을 발견하고 뒤를 쫓았으나 번번이 놓치고 말았다. 체면이 영 말이 아니었다. 그러던 중 부시맨에게 한 가지 사실이 관찰되었다. 이 사슴이라는 놈이 같은 장소에서 비슷한 시각에 발견된다는 것이었다. 오오라! 이 녀석이 다니는 길이 있구나. 이를 알아차린 부시맨은 사슴이 지나가는 시간에 맞추어 그 길에 숨어 있다가 잽싸게 화살을 날렸다. 사슴을 목에 걸쳐 메고 동네로 돌아와 아주머니들에게 큰 인기를 얻었다는 이야기다.

우리도 변화를 거부하고 현실에 안주한다면 개구리와 사슴 같은 운명이 될지도 모른다. 사람들도 늘 다니던 길로만 다니다가는 표적의 대상이 될 수 있다. 아마 호랑이 담배 먹던 시절에는 호랑이에게 다 잡혀 먹혔을지도 모르겠다. 그나마 가끔은 새로운 길을 개척하고 그 길을 가는 인간들이 있었기에 우리가 지금까지 살아남은 것이다.

아탈리(J. Attali)는 『호모 노마드(이효숙 역)』(웅진닷컴, 2005)에서 '하나님은 유목하며 떠도는 아벨의 제물은 받아들이고, 정착해 살아가는 카인의 제물은 받아들이지 않았다'고 쓰고 있다. 자크 아탈리는 참으로 오랫동안 풀리지 않던 의문의 사건을 현실에 안주하지 말라는 교훈으로 풀어주었다. 인간이 만든 선과 악의 기준이 얼마나 허무한 것인가도 깨우쳐준다.

공자의 제자 안회도 머물러 있음을 가장 경계하였다. 밖의 것은 내가 안에 머무르지 않고 밖으로 나가야 내 것이 된다. 김상일은 『한민족 의식전개의 역사』(지식산업사, 2004)에서 1만 년 전 신석기 시대에 인간이 정착하여 살기 시작함으로써 인류의 비극이 시작되었다고 쓰고 있다. 미움, 전쟁, 약탈 등등 수많은 비극이 인류 정착 이후에 생겨난 것이다.

철새는 계절마다 먹이를 찾아 이동한다. 초원의 동물들도 풀이 떨어지면 풀을 찾아 다른 곳으로 이동한다. 하물며 심장조차도 지나치게 안정적이면 그게 바로 심장마비의 전주곡이라고 하니 부디 안주하지 말길 바란다.

서울만으로는 세계와 맞설 수 없다　인간에게는 절약의 본성이 있다. 우리는 옛날에 늘 해오던 대로 함으로써 복잡한 노력을 절약하려는 성향을 가지고 있다는 것이다. 새로운 것보다는 익숙한 것을 좋아한다. 인간뿐만 아니라 동물들도 마찬가지다. 사람이건 동물이건 늘 하던 대로 하지 않고 무언가 새롭게 일을 하려면 그때마다 새로운 노력을 해야 한다.

그러나 새로운 노력은 복잡하고 뭔가 불편하게 느껴진다. 복잡한 일을 처리하려면 힘이 들고 귀찮기도 하다. 또 실패의 가능성도 있다. 그래서 새롭고 복잡한 일보다는 익숙하고 단순한 것을 좋아한다. 이런 성향을 '절약의 법칙을 따르는 보수성' 이라고 부른다.

'절약의 법칙' 이라고 불리니 우리는 이런 성향을 보편적으로 가지고 있다는 말이다. 그런데 이런 법칙은, 사슴이 늘 다니던 길로만 다니다가 부시맨에게 잡혀서 죽고 개구리가 서서히 데워지는 물속에서 죽어가는 줄도 모르고 익어 죽듯이, 우리를 죽게 만든다.

굳이 이런 말을 하는 이유는, 지금 우리나라가 바로 크림에 빠진 개구리와 같은 처지에 있기 때문이다.

중앙 집권, 중앙 집중이 국민의 대다수에게 일시적인 편안함을 주고 있다. 이 사회가 중앙 집권 체제하에 만들어진 것이기 때문이다. 늘 하던 대로, 우리가 아는 방식대로 해야 편안하다. 중앙 정부가 시키는 대로 지방 행정을 펼치는 것이 편안하다. 새롭게 무언가를 해보려면 피곤하고 불편하다. 중앙 정부가 기획한 산업에 투자해 돈을 버는 것이 편안하다. 뇌물을 써서 각종 이권을 챙기는 것이 편안하다. 팔리는 물건을 열심히 연구하여 만들어내는 것보다는 부동산을 몇 번 사고팔아 돈을 버는 것이 편안하다. 분권, 분산 정책 등 무언가 변화를 가져오는 정책을 시행하려면 이에 반대하는 사람들을 설득하기가 골치 아프고 피곤하니 가만히 있는 게 편안하다.

어쩌면 우리는 이 편안함 때문에 서서히 죽어갈지도 모른다. 세계의 선진국들은 각 지방을 특성화하여 이른바 '블루 오션' 을 수없이 찾아내 세계로 뻗어나가는데 우리는 오로지 서울만으로 세계와 승부를 건다면 무슨 승산이 있을까?

중앙 집중의 폐해로부터 빨리 빠져나와야 산다　아침잠의 편안함에 취하다가는 그날 하루 일을 망친다. 이불 속에서 박차고 일어나야 한다. 중앙 집권과 중앙 집중을 과감하게 개혁해야 한다. 그 개혁이 어렵기 때문에 개혁하지 않는 편안함에 안주하면 모두가 죽는다. 그러나 우리는 지금까지 편안함에 안주하느라 중앙 집중에 대해서도 늘 미봉책으로 대응해 그 효과가 없다.

중앙에 집중된 권한의 분산은 획기적이지 못했다. 소외된 지방에 대해서도 근본적인 처방을 내놓지 못하고 중앙이 가진 것을 찔끔찔끔 내려 보내주었다. 지방의 시설을 근본적으로 개선하지 않고 중앙 정부가 은혜를 베푸는 입장에서 돈을 간헐적으로 나누어주었다. 중앙 집중으로 과밀의 피해를 보는 수도권에 대해서는 종합적인 관리 대책을 세우지 않고 규제책만 만들어왔다. 이러다 보니 지방과 수도권 모두 어려움에 봉착하게 되었다.

이젠 정말 늘 해오던 익숙한 방법에서 탈피해야 한다. 지방 분권을 완전하게 하여 지방의 책임하에 지방을 효율적으로 이끌게 하며, 지방의 터전을 충분히 다져주어 공공 기관과 기업들이 흔쾌히 달려올 수 있도록 만들어야 한다. 획기적인 지방 시대를 열어야 한다. 그래야만 이 대한민국의 세계화가 가능해질 것이다.

2 우리 고장이 세계의 중심이 되게 하자

지방에서 서울이 아닌 지방에서 세계로　지방의 잠재력을 믿고, 가능성을 믿고 지방을 이용하여 어려워진 나라의 형편을 반전시켜 보자고 나름대로 고민도 하고 몸부림도 치면서 나는 하루하루 열심히 살고 있다. 지방의 의미를 서울과의 연결에서만 찾지 말고 자기 안에서 찾고, 다른 지방과의 관계에서도 찾고 그리고 세계와의 연결 속에서 찾자고 부르짖기도 한다. 이제 서울만 쳐다보지 말고, 중앙 정부의 지침만 기다리지 말고, 중앙 정부가 뭐하느냐는 타령은 그만두고 내가 무엇을 할 것인가를 골똘히 생각하면 좋겠다는 바람도 있다.

　하지만 서울 중심의 벽은 아직은 깰 수 없는, 아니 도전할 수조차 없는 벽이다. 지방민들은 지방화 시대를 열자고 하면서도 서울에서 먼 자기 고향을 콤플렉스로 여기는 사람들도 있다. 이게 바로 서울 중심의 힘에서 비롯된 것이다.

지방화 시대에는 각 고장이 각자 나름대로 국가의 중심이고 세계의 중심이다. 우리 고장에서 서울까지 얼마나 빨리 가느냐가 중요한 게 아니라 우리 고장과 다른 고장이 필요에 따라 얼마나 편리하게 오갈 수 있느냐가 훨씬 더 중요하다. 각 지방이 상호 보완하여 세계로 나가야 하기 때문이다. 지금까지의 교통 시스템은 서울로 가는 중앙 집중형이었다. 지방화 시대에는 지방과 지방을 연결하는 지방 분권형, 지방 연결형, 세계 지향형 교통 시스템이 필요하다.

지방화 시대가 열리면 우리 고장이 세계와 국가의 중심이고 세계로 나가야 하므로, 우리 고장을 터전으로 하여 우리들이 잘 사는 게 중요하다. 우리 고장이 세계 속에 우뚝 자리매김할 것을 만들어 채우는 일이 더 중요하다.

잘 산다는 것의 정의는 사람마다 모두 다를 것이다. 지역에서 잘산다는 것에 대해 나는 '삶의 지역화' 라는 표현을 쓰고 싶다. 사람들의 삶이 지역화되어야 지역이 비로소 독자적 의미를 가지게 될 것이다.

요컨대 지역이 사람 사는 곳 같아야 한다는 것이다. 그래야 지역이 채워진다. 최근 여기저기에서 하드웨어보다는 소프트웨어를 강조하는 목소리가 높은 것도 바로 그런 필요성의 반영이다. 지역의 현실을 반영한 구체적인 정책은 다른 지역의 정책에서 수입해 올 수 없다. 자기 고장을 세계의 고장으로 만들겠다는 정신이 서고 정책 방향이 합의가 되면 자연스럽게 적절한 정책이 나오게 될 것이다.

그런데도 줄기차게 지방 사람들은 서울로 빨리 가게 해달라고 야단들이다. 이래가지고서야 지방화를 어떻게 이룩하겠다는 것인가? 서울도 다른 지방의 하나이므로 이왕이면 빨리 가는 것이 어찌 나쁘겠는가. 다만 그 보다 더 중요한 일이 지방을 채우는 일이라는 것이다.

삶의 지역화에 강조되는 지방 정부의 책임 지방화 시대에 지역민의 삶의 문제를 이야기하다 보면, 지역 사회에 대한 지방 정부의 책임을 강조하지 않을 수 없다. 지방 분권이라는 게 지방 정부의 책임 강화를 의미하기 때문이다. 지역 사회에 대한 지방 정부의 책임을 강화시키는 이유는 그 책임을 지방 정부가 외면했을 때의 위험성 때문이다. 지역 사회에 대한 책임을 지방 정부가 외면한다면 그 부담은 고스란히 지역 사회로 떨어져 지역 주민의 삶은 고통스럽게 될 것이다. 그러므로 기실 우리의 지방 분권 주장은 지방 정부의 책임성에 대한 심각한 요구이다.

또한 지역에 대한 결정권을 지방 정부에게 주어야 하는 이유는 그 결정권이 중앙 정부에 주어졌을 때의 위험성 때문이다. 중앙 정부의 획일적인 정책은 지역의 다양성을 말살시킬 수도 있다. 그러므로 지방 분권 주장은 지역 다양성의 보장에 대한 심각한 요구이기도 하다.

지역 사회에 대한 책임과 결정권을 지방 정부에 주어야 한다는 요구의 이면에는 지방 정부의 지역 책임성 독점에 대한 강력한 견제와 감시의 필요성이 존재한다. 지방 정부의 책임성은 지방 분권이 아닌 강력한 감시로도 보장될 수 있고, 중앙 정부의 획일성 염려 역시 시민 사회의 강력한 다양성 요구와 감시로도 얻어질 수 있다. 때문에 지방을 위한 지방 분권 요구 옆에는 견제와 감시를 통한 지방의 역량 강화가 반드시 있어야 한다.

지역화를 위한 하모니　지방 분권 시대에 지역 사회가 관심을 두어야 할 분야는 지역 다양성의 보장과 견제와 감시 기능의 충실이다. 시민과 시민 단체 그리고 시민을 돕고 시민에게서 도움을 받는 기업인 및 각종 기능인들로 구성되어 있는 지역 사회는 그들 각각의 위치에서 지역의 다양성을 위해, 견제와 감시를 위해 일해야 한다.

지방 정부는 지역화를 통한 풍요로운 삶의 주체를 정녕 시민으로 보는가? 그렇지 않다는 것이 지방 분권을 염려스런 눈으로 쳐다보는 많은 분들의 속내이다. 지역민들이 성숙하면 주민 소환이나 주민 투표로 지방 정부를 견제할 수 있지만 그게 그리 쉬운 일은 아닐 것이다.

시민들은 그들 스스로를 포함한 지속적인 교육과 훈련으로 시민들의 자주 의식과 견제 능력을 형성시키는 일이 매우 중요하다. 자치 분권 학교를 열고 동네 가꾸기로부터 자치를 훈련하는 등의 노력이 주변에서 일어나는 것은 이런 필요성의 반영이다. 결국 우리들 삶의 지역화가 중요하다.

시민과 시민 단체, 직능 단체들이 우리들 삶의 지역화에 나선다면 할 일이 너무나 많다. 우리들의 삶이란 어딘가에 정착하여 물건을 생산하고 소비하며, 자녀를 교육하고, 적당한 문화를 향유하고 예술을 즐기며, 이에 필요한 자금을 융통하며 지내는 것 아닌가?

그러니 이런 일을 돕는 것이 우리들 삶의 지역화이다. 건설업체들과 힘을 합해 쾌적한 주거 공간을 만드는 운동을 벌이자. 사람을 불러오는 길이니까. 기업인들의 상부 상조 네트워크 결성을 적극 도와주자. 지역 생산을 위하는 것이니까. 지역 기업의 물건을 사는 운동을 벌이자. 그것이 지역민의 고용을 늘리고 연료 사용을 줄여 환경을 보호하는 길이니까. 학교에서는 우리 지역을 가르치자. 자녀들에게 구체적인 우리의 삶의 터전에서 이슈를 이끌어내고 해결 방법을 찾는 매우 실제적인 훈련이 될 테니까. 우리의 문화와 예술을 발견하고 창조하는 신명나는 세상을 만들자. 후손에게 또 다른 문화 유산이 될 테니까. 지역만을 생각하는 은행을 만들거나 돕는 운동을 벌이자. 우리들의 이웃이 혜택을 보게 될 테니까.

세상은 홀로 살 수 있는 곳이 아니다. 생산자와 소비자는 서로가 함께 있어야 살 수 있다. 지금까지 우리는 그리고 우리가 만든 각종 단체들은 소속 회원들만의 이익 대변에 너무 몰두하지 않았는지 반성해보자. 지역과 지역민이 튼튼해지지 않고서는 회원들의 이익을 보장해 줄 수 없다. 이제는 오로지 지역과 시민들의 이익만을 생각하는 것에서 이익을 창출해 내는 방법을 찾아야 한다. 그리고 그럴 수 있다.

3 지방 분권을 꼭 해야 하는 이유

우리는 도대체 무엇을 하란 말입니까? 중앙 부처 고급 공무원들로 구성된 어느 자리에서 토론이 벌어졌다. 지방 분권으로 패러다임을 바꾸어야 한다고 역설을 하고 있었는데, 한 분이 그 자리에서 독백하듯이 말했다.

"그렇게 다 주고나면 우리는 도대체 무엇을 하란 말입니까?"

지방 분권을 말하면서 패러다임의 전환 운운하는 이유가 바로 여기에 있다. 지방 분권이란 게 무척 어렵기 때문이다. 지방 분권은 중앙 정부의 권한을 나누는 일이고 나누어주는 당사자가 바로 중앙 부처인데 그게 어찌 쉬운 일이겠는가.

지방 분권의 문제는 이 나라의 정체성과도 관련된 심각한 문제이다. 지방 분권주의는 우리나라 사람의 절대 다수가 결사적으로 반대하는 사회주의와 정반대의 입장에 서 있는 사상이다. 그런데 이 사상을 실천하지 않는다면 그야말로 심각한 일이다. 생각해 보라. "그대는 시장주의자인가 반시장주의자인가?"라고 물으면 모두들 화들짝 놀라서 "시장 경제 지지"라고 하면서 만세 삼창을 한다.

물론 그들 각자가 생각하는 시장주의는 서로 다르다. 그리고 서로 자기와 다른 생각을 하는 사람들에 대해 너희들은 시장주의자가 아니라고 공격한다. 기업에 대한 보수주의자를 자처하는 사람들은 개혁 세력들이 자꾸 기업을 완전하게 풀어주지 않는다고 개혁 세력들을 반시장주의자라고 몰고, 진보주의자를 자처하는 사람들은 보수 세력들이 시장을 무시하고 기업 옹호 정책을 주장한다고 하면서 보수 세력들을 반시장주의자로 몬다. 모두가 스스로를 시장주의자라고 자처하고 나서는 것이다.

현 정부의 정책 내용도 사실은 시장 경제에 세례를 내리고 있다고 보아야 한다. 분배를 주장하여도 그 목적은 더 높은 성장이요, 기업에 대한 매서운 채찍도 그 목적은 바로 기업 살리기요, 노동자들에게 주는 섭섭함도 그 목적은 경제 살리기에 지나지 않는다. 분배는 시장 경제 메커니즘을 거쳐 성장을 높이며, 기업에 대한 채찍은 투명성을 높여 시장에서 신뢰를 구축하여 기업을 살리자는 것이며, 노동자들에 대한 섭섭함 역시 시장을 통한 노동자 살리기를 지향하고 있는 것이다.

이렇듯 우리 모두가 시장주의는 우리의 살길이라고 믿고 있으니 시장주의는 참으로 심각한 것이다. 역대 정부도 그 내용이야 어떻든 표면적으로는 시장주의를 열심히 추종했다. 그러나 나는 역대 정부 중에서 시장주의를 가장 높이 찬양한 정부의 순서대로 시장 경제를 죽여 왔다고 생각한다. 역설적이게도 시장 경제를 찬미한 정부일수록 중앙 집권적이었으니, 사실상 그들은 시장 경제를 스스로 부정해 왔던 것이다. 하기야 옛날 권위주의 정부 시절의 시장주의는 사회주의의 대척점으로 인식되었을 것이다. 그들은 아마도 대기업 우대 정책 또는 대기업 조정 정책을 시장 경제를 지향하는 정책쯤으로 알았는지도 모른다. 그래서 시장을 무시하고 마음대로 대기업에게 특혜를 주면서 펼치는 경제 정책이야말로 반시장적임에도 불구하고 그들은 스스로를 사회주의자가 아닌 시장주의자로 인식하고 있었던 것이다.

나는 지금 그러한 반시장적 정책이 옳은지 그렇지 않은지의 문제를 말하고 있는 것이 아니다. 그들의 정책은 분명 시장주의적 정책이 아니었음을 말하고 있는 것이다.

대한민국은 사회주의 국가?　그럼 시장 경제란 무엇인가? 이 시대가 가지고 있는, 이 사회가 가지고 있는 자원을 시장에서 알아서 저절로 배분되도록 하는 것 아닌가. 물건을 공급하는 자, 구매하는 자, 유통을 담당하는 자들 각자가 다른 사람의 간섭 없이 자신이 가질 이윤에 따라서 스스로 물건의 배분에 참여하는 것이다. 사실 이런 주장은 시장 근본주의자들이라고 비판받는 쪽에서 즐겨하는 주장이고, 경제학 교과서의 금과옥조이다. 나는 여기서 패러독스를 발견한다. 바로 이것이 다름 아닌 분권된 경제의 모습이 아닌가. 바로 이 시대의 주류인 시장 경제학이 분권을 소리 높여 주장하고 있지 않느냐는 말이다.

그런데 분권된 세상을 만들자고 하는데 왜 이렇게 이 땅의 주류들은 냉소를 보내는가.

그럼 사회주의 경제란 무엇인가? 중앙 정부가 모두 알아서 자원을 사회 구석구석에 배분하는 것이다. 이것은 바로 중앙 집권 체제의 극단이다. 시장 경제만이 나라를 살린다고 철석같이 믿으면서도 시장 경제를 정면으로 부정하는 사회주의적 중앙 집권 체제를 절대로 놓지 못하는 이 이율배반! 그래서 중앙 집권 체제를 개혁하자는 말도 꺼내지 못하던 어느 정부 시절에 한 사회주의 국가 원수가 우리나라에 와서 지독한 중앙 집권 체제를 보고 이렇게 말했다고 한다.

"아니, 대한민국이 우리나라보다 더 지독한 사회주의 국가구만."

자연도 지방 분권을 한다 자연이 주는 교훈은 분권 체제에서만 생명이 살 수 있다는 것이다. 생명체가 살아가는 데 있어서 중앙 집권이 바람직하다면 아마도 자연은 온통 거대한 하나의 세포로 구성된 생명체로 가득 차 있어야 한다.

하지만 어디 자연의 생명체치고 거대한 하나의 세포로만 된 것이 있는가? 사람의 세포도 하나가 아니라 100조 개쯤 된다고 한다. 이렇게 많은 세포에 일일이 지령을 내리는 일은 불가능할 터. 그래서 세포는 자신이 처하게 되는 각각의 돌발 상황에 대해 자신의 판단에 따라 대처한다. 생명체는 살기 위해서 스스로 분권을 하고 있다는 말이다.

국가의 일이란 우리가 살아가는 세상의 경제나 사회를 지속시키는 것이다. 경제·사회의 지속이란 살아 있음을 의미한다. 모든 생명체가 그러하듯이 국가는 지방 분권이 아니고서는 지속될 수 없다.

지방 분권에 대한 오해, 오해들　이제는 지방 분권으로 패러다임을 바꿔야 한다. 현 정부가 지방 분권을 표방하고 나오자 중앙 정부 공무원들로부터 지방 분권에 대한 반발이 생겨났다. 앞서도 말했지만 중앙 부처 공무원들은 지방 분권을 지방에 돈을 더 주는 것으로만 안다. 그러나 지방 분권은 돈보다는 자율성을 더 주자는 것이다. 자율성으로 돈의 효율을 높여 지방을 구하자는 것이다. 그런데도 이에 대한 오해 때문에 지방화에 많은 어려움을 겪었다. 이에 대해서는 뒤에 다시 상세히 언급하겠다.

이런 급박한 현실에도 불구하고 지방의 이야기를 들어보니, 아뿔싸! 분권화의 길은 멀기만 하다. 지방 분권의 어려움은 비단 수도권 측에만 있지 않다.

"이제 우리는 죽었구나. 분권되어 우리 혼자 스스로 살라고 하면 앞으로 어떻게 살아갈 것인가."

현 정부가 지방 분권을 표방하고 나오자 스스로 낙후하다고 생각하는 각 지방은 이렇게 비명을 질렀다.

"도대체 우리 지역에 무슨 돈이 있다고 우리 스스로 살라고 하느냐. 중앙 정부가 계속 우리에게 은전을 베풀어 우리를 잘살게 해주어야지 이 무슨 날벼락이냐."

어려움은 이 뿐만이 아니다. 중앙 집권 체제는 우리나라의 가장 큰 비극인 지역 감정을 만들어낸 원흉인데도 지역민들은 아직도 집권화된 중앙의 권력을 쟁취해서 자기 지역만 권력과 부의 은총을 얻겠다는 생각으로 가득하다. 이제 제발 분권화되어서 효율과 화해의 길을 가야만 하고 반드시 그렇게 되어야 한다.

지방 분권의 장애물을 제거하자 이제 지역 사람들 스스로가 중앙 집권에 의지해서 부당한 이익을 누리려는 파렴치한 생각을 접자. 중앙 집권에 의지해서는 결코 지역의 행복을 얻을 수 없음을 알자. 중앙 집권적 구조에 끌려다니면서 떡 하나 얻어오려는 아비규환은 이제 우리 사회에서 사라져야 한다.

공동의 자원을 내가 많이 빼앗아오는 일이 그리 자랑스러운 일은 아니다. 공동의 자원은 그 양이 이미 정해져 있는 것이다. 내가 가지면 남이 가지지 못하고 남이 가지면 내가 가지지 못하는 제로섬이 적용된다. 내가 많이 가져 남을 적게 가지게 하는 것이 그렇게도 가슴 뿌듯한 일인가!

지역 기업인들, 지방 의회 의원들, 지역 유권자들, 지역 학자들 모두가 각자 자신의 분야에서 지방 분권의 필요성을 깊이 인식하고 지방 분권을 가로막고 있는 각종 장애물을 무너뜨리는 데 동참해야만 한다.

지방 분권을 위해서는 지역민들에게 중앙 집권의 폐해를 인식시키는 일부터 시작해야 한다. 이 일이 성공하면 지방 분권화를 가로막는 각종 장애물을 제거할 수 있는 구체적인 방법이 각 분야의 현장에서 자연스럽게 생겨날 것이다.

4 균형 패러다임의 모색

균형 발전은 국가 혁신의 출발점 현재의 지방은 지역 자립의 여력이 없다. 기업들이 지방으로 발길을 돌리려고 하여도 지방의 여건은 기업의 욕구를 충족시키지 못한다. 수십 년간 의존형으로 살아온 지방의 분위기가 하루아침에 바꾸어질 것으로 기대하기는 힘들다. 더구나 경제적 자립을 위한 소득 창출 기반이 너무나 열악하여 무엇인가 소득 창출의 씨앗을 심어주지 않으면 안 된다. 그리고 지역간, 도시와 농촌 간의 극심한 격차를 그대로 두고서 지역 자립의 효과를 기대하기란 참으로 어려운 실정이다.

그래서 필요한 것이 중앙과 지방의 균형 발전이요, 도시와 농촌의 균형 발전이다. 균형 발전을 위해 지역의 혁신 역량을 발전시켜 자립의 능력을 키워야 하고 정책과 지역간의 격차를 교정하여 지역 자립의 여건을 조성해야 힌다.

이런 이유로 나는 균형 발전을 역설하고 다녔다. 수많은 토론회와 강연회를 통하여 지방 분권과 균형 발전의 연계성을 강조하며 균형 발전이 국가 혁신의 출발점임을 이해시키고자 동분서주하고 있다.

균형에 대한 오해 균형에 대해서는 오해가 많다. 지역간 균형이 중요하다고 하면, 결과적인 평등을 실현하는 것이 과연 가능하냐고 항의한다. 각 지역마다 경제·사회·문화의 역사적 전통과 현재의 기반이 다르므로 결과적 평등의 달성은 불가능하다는 것이다. 이런 오해는 다분히 의도적인 오해일 가능성이 크다. 누가 균형을 이야기하면서 결과의 평등만을 기계적으로 강조하겠는가.

그래도 이런 말들이 나오니 내가 균형을 말할 때 염두에 두는 내용을 정리해 보겠다.

첫째, 지역민에게 공정한 기회를 균등하게 부여해야 한다. 모든 국민은 자신이 사는 지역에 따라 삶을 누리는 기회가 달라서는 안 된다. 만일 현재의 삶의 여건이 지역에 따라 다르다면 국가는 지역별 경쟁이 동일한 조건에서 이루어지도록 조치를 취해야 한다고 믿는다.

둘째, 국가의 정책은 결과의 완벽한 평등이 아닌 지역의 조화로운 발전을 추구해야 한다. 다만 그 조화는 지역의 잠재적 가능성을 극대화하면서, 즉 지역의 자원이 최대로 발굴되고 효율적으로 이용되면서 추구되어야 할 것이다.

셋째, 균형 발전 정책은 국민으로서 국가의 보호를 받을 권리가 있는 지역민을 보호하는 방편이다. 700명에 달하던 농촌 초등학교의 학생이 20여 명으로 줄어 교육 효율이 낮다는 이유로 농촌 아이들의 교육을 포기할 수는 없지 않은가?

마지막으로 균형 발전을 위해 지방 분권 정책을 실시하라고 주장할 때 더 많은 재원의 이전을 말하는 게 아니다. 지방화 개혁의 핵심은 중앙 정부가 지방에 배정해 주는 예산의 성격을 타율에서 자율로 바꾸어 자주 재원의 비중을 늘려 예산 사용의 효율을 증대시키려는 것이다.

발전에 대한 오해 국가를 균형 발전시킴으로써 국가의 위기를 돌파해야 한다는 주장에 대해 균형 발전을 위해서 국가의 경쟁력을 포기할 수는 없다는 비판이 일었다.

그러나 균형 발전론은 열악한 지방에 돈을 쏟아 부어 그 지역을 잘 사는 지역과 동일한 소득을 누리는 지역으로 만들자는 것만은 아니다. 그 보다는 경쟁의 주체인 기업이 국내외의 다른 기업과 경쟁하기 좋도록 지방의 여러 가지 조건을 개선해야 함을 강조한 것이다.

지방에 기업을 이전시키면 기업과 국가의 경쟁력이 향상된다. 지금 수도권에서는 기업이 높은 효율성을 얻기가 날로 어려워지고 있다. 서울의 땅은 이미 초만원이 되었으니 지방으로 눈을 돌려보는데 지방은 기업 활동에 불편하다. 그래서 지방에서 기업을 경영하기에 편리하도록 지방의 여건을 개선시켜주어야 한다. 이것이 균형 발전 정책이다. 그러므로 균형 발전 정책은 각 지방에 우리나라의 기업, 또는 외국 기업이 다른 기업과의 경쟁에서 유리함을 느끼도록 여건을 갖춰야 한다. 그래야 지방에 기업이 뿌리를 내리고 서울에서 얻지 못하는 효율을 지방에서 얻을 수 있고 이것은 곧 국가의 힘으로 연결된다.

국가나 지방은 직접 경쟁하는 주체가 아니다. 경쟁의 주체는 기업이며 이들이 다른 기업과 경쟁을 하는 것이다. 그러나 우리는 국가 경쟁력이니 지방 경쟁력이니 하는 말을 너무나 많이 접한 탓에 경쟁력 있는 서울을 내세워 외국과 경쟁하라는 터무니없는 소리를 하고 있다.

균형 발전에 대한 오해는 지방에서도 심각하다. 균형 발전 정책에서는 선택과 집중을 강조한다. 그러나 경제력이 취약한 지방을 중심으로 경쟁 논리에서 볼 때 선택과 집중이 과연 정당한가에 대한 논란이 일었다. 반론의 핵심은 경쟁에서 이긴 지역만 지원해 주면 경쟁력을 갖지 못한 지역은 더욱 악화될 뿐이라는 것이었다. 특히 낙후 지역은 이러한 경쟁 체제에서는 모두 몰락할 것이라는 우려가 있었다.

이러한 우려는 선택과 집중에 대한 오해에서 비롯된 것이다. 하지만 보다 근본적인 오해의 이유는 중앙 정부에 대한 여전한 의존성에 있다. 지방 측에서의 오해의 핵심은, 선택과 집중이 어떤 뜻이건 간에, 옛날처럼 중앙 정부가 지방에 잘 지원해 달라는 것 그 이상도 그 이하도 아니다.*

효율이 높은 서울을 왜 포기하느냐는 비판도 강력하다. 말하자면 투자 효율이 높은 곳에 집중 투자를 하여 선(先) 성장 후(後) 분배를 하

------

* 선택과 집중은 각 지역 내 여러 산업 중에서 효율성이 더 높은 분야를 골라 집중 지원하는 것을 말한다. 각 지역마다 그 지역에 있어야 할 나름대로의 이유가 있는 산업이 존재한다. 각 지역과 국가는 지역 안에서 가장 적합한 산업을 선택하여 집중 지원하면 된다.

자는 반론이다. 경제 전쟁에서 승리하려면 수도권에 집중 투자해야 한다는 것이다. 물론 나는 이들이 주장하는 대로 먼저 성장해서 나중에 배분하자는 주장을 믿지 않는다. 먼저 성장의 과실을 얻은 사람들은 자발적으로 분배에 나서지도 않는다. 경제학자로서 믿는 바는 성장 과정에서 경제 메커니즘이 그 과실의 분배를 저절로 이루기도 한다는 점이다. 그게 바로 쿠츠네츠 가설인데, 요즘은 그 가설이 지켜지지 않을 때가 많다.

현 정부도 결코 성장을 후 순위로 밀어놓지는 않고 있다. 균형을 생각하지 않은 선 성장은 그로 인해 소외 부문에서 발생하는 사회 불안 해소, 졸속 성장으로 인한 사후 정비 등에 많은 비용을 발생시키므로 균형을 생각한 내실 있는 성장을 추구하자는 것이다.

발전을 위해서는 지방 자원의 사장(死藏)이 짐이 되므로 이를 개선해야 한다. 지방은 소중한 우리의 국토이므로 경제 발전 전략에서 소외되는 일은 없어야 한다. 그 동안 우리나라의 고도 성장 과정에서 소외 계층과 소외 지역이 생겨났다. 또 정책에서 홀대한 소외 계층과 소외 지역에 대해 앞으로는 특별하게 관심을 가져주는 것도 균형을 실천하는 길일 것이다.

균형으로의 패러다임 전환의 어려움　지금까지 차가운 경쟁의 사회에서, 효율이 미덕인 사회에서 '균형'을 부르짖기가 참으로 힘이 들더라는 소회를 말하였다. 승리, 이익, 발전이 최우선 가치가 되어버린 사회에서 균형과 조화의 당위성과 아름다움을 전파하기가 정말 힘이 든다. 균형을 이야기하면 성장으로 반격하고, 낙후 지역에 대한 배려를 이야기하면 오직 자기 지역에 대한 특별 배려로 반격한다. 오로지 이 세상에 나 홀로 존재해야 한다는 그 폭력성은 도대체 어디에서 왔을까?

나는 이 글을 쓰는 이 시간에 인간을 포함한 우주의 만물이 왜 태어났는가 하는 생각이 자꾸만 든다. 그야 이 세상에 필요해서가 아니겠는가. 창조주의 관점에서 보든, 자연의 이치에서 보든 이 세상에 존재하는 건 오로지 그것이 이 세상에 필요해서일 것이다. 이 세상에 필요하다는 말은 남에게 도움을 준다는 뜻일 게다. 우주 만물은 결국 남에게 도움을 주기 위해 태어난 것이라고 생각한다.

왜 남에게 도움을 주기 위해 태어났을까? 그래야 이 세상의 균형이 이루어지기 때문이 아닐까? 내가 남에게 도움이 되고 남이 나에게 도움이 되어야 비소로 세상이 균형을 이룬다. 그런데 우주 만물이 세상더러 자기만 위해달라고 하면 균형은 깨지고 투쟁과 혼란으로 가득 찰 것이다.

또다시 생각해 본다. 왜 이 세상은 균형을 이루어 살아야 할까? 세상 만물은 균형이 깨지면 이 세상에 존재하지 못하기 때문이다. 숲의 균형이 깨지면 숲이 사라진다. 사람 몸의 균형이 깨지면 병들어 죽게 된다. 이리하여 세상 전체의 균형이 깨지면 이 세상은 사라지고 만다. 왜 균형을 추구해야 하느냐고 묻고 싶은가? 그래야 세상이 존재한다.

지금 우리나라의 균형이 깨지고 있다. 학교, 기업, 운동 경기 등 그 모든 곳에서 2등은 없고 1등만 존재한다. 그러다 보니 이제 나라에서

조차 1등인 서울만 존재한다. 그러나 우리는 서로가 서로를 먹고 사는 존재이다. 1등은 2등 때문에 존재하고 2등은 1등 때문에 존재하듯이.

서울은 지방의 자원을 총동원하여 만들어진 곳이다. 지방은 서울이 생산한 것에 의지하여 살아간다. 상대방이 없으면 존재가 불가능하다. 지금 지방의 힘이 미약하여 사라지려 하고 있다. 지방이 사라지면 서울도 사라진다. 거대 도시 서울만 있는 나라를 생각해 보라. 그게 가능하겠는가? 서울은 공룡이 된다. 공룡이 된 서울은 먹을 것이 없어 사라질 것이다.

이쯤에서 우리는 바벨탑을 쌓지 말라는 교훈을 새겨들어야 한다. 하늘 끝까지 닿는 바벨탑, 그것은 곧 거대 도시의 건설을 의미하는 것이다.

'너희들 편의대로 자연의 뜻을 거슬러 너무 큰 도시를 짓지 말라. 너희들 살아갈 집 한 칸이면 족하다. 너무 큰 도시는 자연의 균형을 깨트려 자연을 죽이고 생명을 죽이고 결국 인간을 죽일 것이다.'

이것이 바로 바벨탑에서 얻는 교훈이다.

우리는 이제 거대 도시 서울을 전국에 분산하여 나라에 생명을 불어넣어야 한다. 그래야 나라가 살고, 서울이 살고, 지방이 살고, 인간이 살고, 자연이 산다.

제2장

우리를 구제할 분권과 분산

이 장은 이 책의 이론적 배경을 밝힌다. 먼저 지방 분권과 균형 발전 그리고 복지에 대한 배려는 어떤 메커니즘으로 국민을 만족시키는지를 살펴본다. 경제적 어려움의 실체를 밝히고 지방 분권과 균형 발전 정책에 의해 그것이 극복될 수 있음을 먼저 총체적으로 서술한다. 그 다음으로 분권·균형·복지의 메커니즘을 차례로 다룰 것이다.

지방 분권이 국민의 만족도를 증가시키는 원리와 균형 발전론에서 추구해야 할 원리 그리고 복지 정책이 지향해야 할 원칙을 제시한다.

1 지방이 블루 오션이다

우리가 가야 할 골든 스카이 지금까지의 논의는 결국 이런 것이었다(다음 그림). 중앙 집권 체제 때문에 중앙은 발전하였지만 지방은 후퇴하였다(B→C). 그러나 중앙 집권 체제를 유지하면 중앙과 지방이 동시에 더욱 후퇴할 것이다(C→D). 그러니 지방 분권 체제를 도입하여 우리가 원하는 목표인 골든 스카이로 가자(C→A).

그런데 왜 분권 패러다임을 적용하면 우리가 원하는 목표(A)로 갈 수 있는 것일까? 여기에서는 그에 대한 답을 보도록 하자.

중앙 집권 체제가 가져온 레드 오션(Red Ocean) 나는 앞에서 중앙 집권 체제는 공급 과잉을 가져온다고 하였다. 중앙 권력 근처 수도권에, 중앙 정부가 지정해 준 특정 산업 위주로, 대규모 생산 단지가

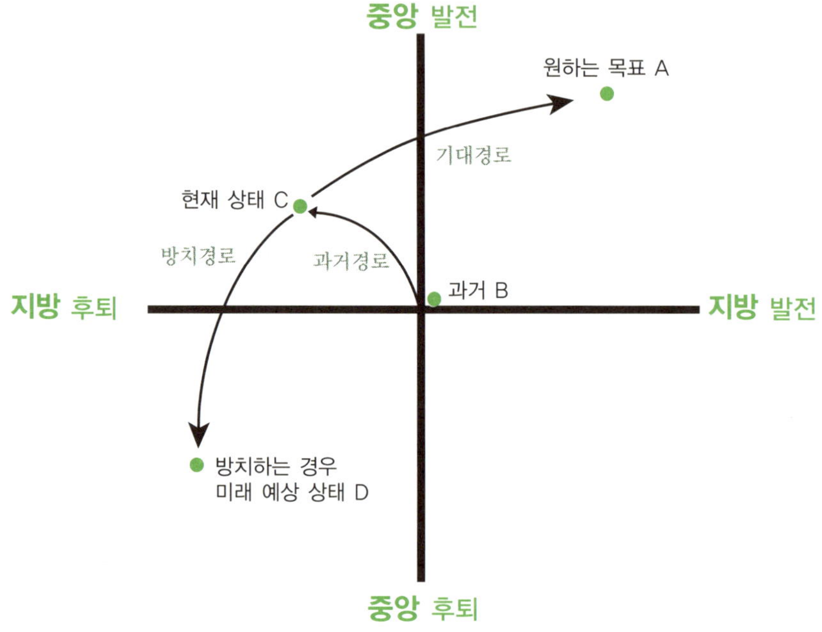

만들어져 형성된 소품종 대량 생산 시스템이 하나의 원인이요, 특혜
받은 업종에 대한 집착이 과잉 생산을 초래한 것이 또 하나의 원인이
요, 과거의 익숙한 구조에 집착하여 변화된 수요에 적응하지 못한 것
이 과잉 생산의 또 하나의 원인이요, 이런 과정에서 생긴 제조업 제일
주의가 과잉 생산의 또 하나의 원인이다. 여기에 효율성 제일주의도
한몫을 하였을 것이란 점을 지적하고 싶다. 어떤 물건을 만드느냐보다

특정 재화의 생산 효율을 중시하는 정신은 필연적으로 공급 과잉을 불러오게 되어 있다.

또한 국민들의 유달리 강한 제조업 선호 현상도 제조업 부문의 과잉 생산을 거들었다. 각 지방마다 주민들의 요구 사항은 자기 지역에 공장을 세워달라는 것이었다. 물론 요구대로 공장이 늘어날 수도 없는 일이지만, 여하간 그런 요구는 지역마다 공장을 하나둘씩 늘려왔고 그 결과가 불필요한 재화의 과잉 공급을 초래한 것이다. 이를테면 다음 그림(129쪽)에서 공급이 1300에서 1500으로 증가하였다(단위 생략).

사회는 이미 제조업이 만능인 시대에서 서비스업이 떠오르는 시대로 가고 있는데 제조업 공장 요구는 오늘도 계속되고 있다. 그렇게 해서 별다른 생각없이 지역 위무 차원에서 늘어난 잡초만 우거진 공단 터를 보면, 과연 우리는 언제까지 제조업 타령을 할 것인지 걱정이다.

중앙 집권 체제하에서 소품종 대량 생산이 지속되면 국민들은 자신의 다양한 요구를 수입으로 해결하려고 한다. 이에 부응하는 기업들이 수입에 나서면 우리나라의 물건 창고에는 물건이 더욱 쌓여간다. 공급이 더욱 증가한다는 말이다.*

이렇게 소수 분야에서 공급이 과잉되면 그 결과는 치열한 경쟁이다. 이렇게 싸워야 하는 시장을 김위찬과 르네 마보안은 『블루 오션 전략』(교보문고, 2005)에서 레드 오션이라 불렀다.

---

* 수입은 물건을 구입하는 부문인데 왜 공급 부문이냐고 의아하게 생각할 수도 있는데, 수입 행위는 우리나라 안에 있는 물건의 양을 늘리는 공급 행위임을 노파심에서 말해둔다. 수입된 물건을 소비자들이 사는 측면은 소비로 잡힌다. 그러니까 소비에는 국산품 소비와 수입품 소비가 있는 것이다.

게다가 중앙 집권 체제는 수요의 감소를 불러왔다. 소비와 투자가 감소했다는 말이다. 이하에서 왜 소비와 투자가 중앙 집권 체제하에서 감소하는지를 보겠다.

먼저 소비의 감소를 살펴보자. 중앙 집권 체제는 효율성을 강조하며 우리를 바쁘게 휘몰아 쳤다. 가난 탈출을 위하여 우선 성장하고 보자는 인식이 주류를 이루었다. 그리하여 우리 사회는 선성장(先成長) 후분배(後分配) 논리가 지배하였고 정부의 정책도 그런 논리를 벗어나지 않았다. 그 결과는 선유성장(先有成長)이되 후무분배(後無分配)를 낳았다. 성장은 있었으되 분배가 없었다는 말이다. 사실은 역분배라고 보는 것이 정확하다. 성장의 과실은 극소수의 부유층에게 집중되었고, 대다수의 서민은 소외되었다. 가난한 서민은 소득의 대부분을 소비할 수밖에 없으나 고소득자들은 소득의 극히 일부분만을 소비하는 법이다. 그런데 소득이 부자들에게 흘러가니, 사회 전체적으로 소비 수준은 하락할 수밖에 없다. 이를테면 다음 그림에서 소비 수준이 1300에서 1000으로 하락한다.

더구나 중앙 집권 체제하의 생산 구조는 경직적이다. 소품종 대량 생산 구조이어서 그렇다. 이렇게 생산 부문에서 과거의 물건에 집착하여 새로운 재화를 만들어내지 못함으로써 소비자들의 외면으로 물건은 팔리지 않고 쌓여만 갔다.

결국 열심히 기술 혁신하여 생산을 늘려놓았으나 수요가 부족하니 물건은 남아돌아 과잉 생산으로 귀결되었다. 만들어놓은 물건이 이렇게 팔리지 않을 때 경제가 어렵다고 한다. 물건이 안 팔려 돈이 안돌아 어렵고, 지금 어려우니 미래가 불안해서 아끼느라 물건은 더욱 안 팔리는 악순환이 계속된다.*

다음은 중앙 집권 체제가 투자의 감소를 가져오는 논리를 살펴보자. 앞에서 물건이 안 팔린다고 하였다. 그렇게 안 팔리는 물건 만드느라 돈을 썼으니 팔릴 물건을 연구, 개발하여 만들어낼 여력도 없고… 이래저래 경제는 더욱 어려워진다. 물건 만들어낼 여력이 없다는 말은 바로 투자가 저조해짐을 의미한다. 그리고 투자 변화 역시 기업가들의 미래에 대한 불안에 큰 영향을 받는다. 어려워진 경제는 기업가들에게 미래를 불안하게 만들고 투자에 대한 확신을 저해하는 것이다.

여기에 중앙 집권 체제가 기업에 대해 갖는 속성 때문에 이 체제에서는 시간이 흐를수록 투자가 저조해질 수 있다. 경제 수준이 떨어지는 저개발국 시절에는 기업이 생산해 내는 물건이 절대적으로 부족하므로 어떤 물건이든 판로가 있다. 그러므로 중앙 정부의 지도에 의해 만들어내는 물건의 판로 확보는 어렵지 않아 지속적으로 투자가 가능하다. 그리고 기업의 수도 많지 않아 대부분 중앙 정부 지원의 대상에 들어간다. 그러나 경제가 자리를 잡아가고 기업의 종류와 수가 다양해지면 중앙 정부의 관심권 밖 분야에 대한 기업의 투자 의욕은 저조해진다.**

---

* 이 문제를 연구 주제로 하여 논문을 쓴 적이 있었다. 나는 그 논문에서 사람들의 소비 변화를 결정해 주는 매우 큰 요인이 '미래에 대한 불안'임을 주장하였다. 경제의 큰 적은 국민들의 불안감이다.

** 왜 물건을 만들어내는 투자가 공급 부문이 아니고 수요 부문인지 의아하게 생각할 수도 있는데, 투자란 다른 기업들이 만들어놓은 기계, 기자재 등의 물건을 구입하여 공장 시설을 확충하거나 만드는 데 사용하므로 수요 측면이 되는 것임을 노파심에서 말해둔다.

블랙 헬(Black Hell)로 가고 싶은가　　이런 상태를 방치하면 급기야는 중앙도 후퇴하기 시작할 것이다. 이미 1990년대 후반에 우리나라가 당해야 했던 IMF 금융 사태와 현재 진행되고 있는 수도권의 경쟁력 하락은 이미 이를 증명해 주고 있다. 지방의 붕괴와 중앙의 후퇴가 결합하면 우리나라는 각자 자기 지역을 지키느라 그야말로 치열한 소아병적 투쟁에 돌입하게 될 것이다.

그런 징후는 이미 시작되었다. 현 정부가 지방화를 시작하면서 보여준 수도권의 강력한 반발과 분산을 받아들이는 지방들이 서로 자기 몫을 더 차지하려고 보여준 투쟁과 암투가 그 증거이다. 그 동안 우리나라 사람들은 중앙 집중에 너무나 익숙해져 지방 분산이 시작되는 거대한 흐름을 읽지 못했다. 그래서 이번의 지방화 정책을 하나의 작은 에피소드로 간주하여 중앙에서는 하나도 빼앗기지 말자는 분위기, 지방에서는 하나라도 더 가져오자는 분위기가 형성된 것이다.

이처럼 자기의 좁은 영역 안의 투쟁이 이루어지는 시장을 나는 레드 랜드(red land)라고 부르고 싶다. 랜드라는 말을 붙인 것은 넓지 못한 좁은 영역을 뜻한다. 만일 이 혈전을 방치한다면, 우리나라는 걷잡을 수 없는 혼란에 빠져들어 지옥과 같은 상황으로 들어가고 말 것이다. 그러한 상황을 블랙 헬(black hell)이라고 한다.

이상의 이야기는 다음과 같이 정리할 수 있다.

나는 지금 우리 경제가 만일 어렵다면 위와 같이 중앙 집권 체제가 공급 과잉을 가져왔기 때문이라고 말하고 싶다. 따라서 내가 제시할 처방은 지방 분권으로 이 공급 과잉을 해결할 수 있다는 것이다. 물론

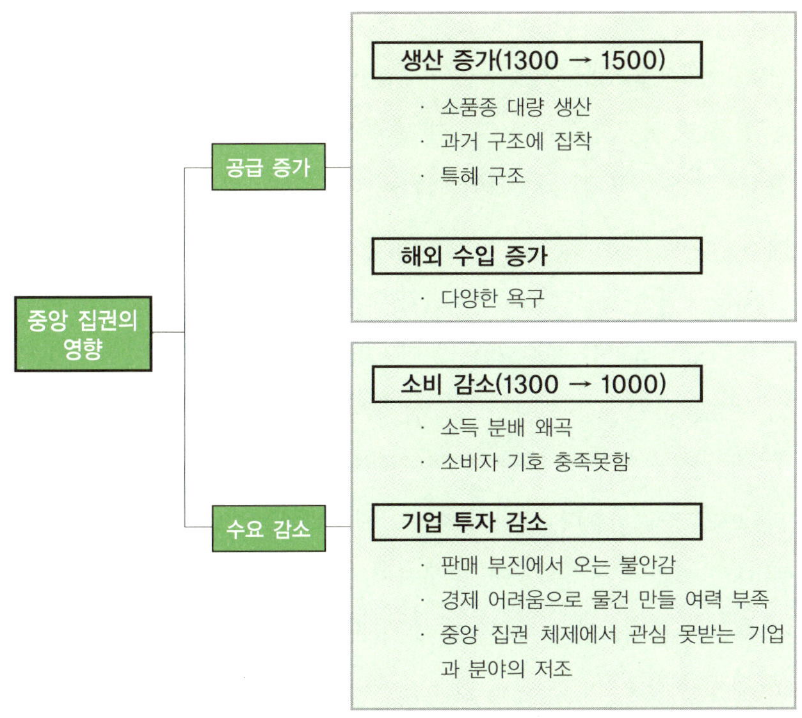

※ 생산이 1500, 소비가 1000으로 500만큼의 과잉 생산이 일어남을 보여줌.
※ 설명에서는 내용이 복잡해짐을 감안하여 수입과 투자 부문은 생략함.

오로지 공급 과잉 현상만을 보고 우리 경제를 어렵다고 하느냐에 대해서는 이의 제기가 가능하다. 그러나 여기서는 중앙 집권 체제가 공급 초과 현상을 초래하고 그로 인해 경제가 어려워지는 경향을 주목한 것이다.

지방이 블루 오션(Blue Ocean)이다　소비자들의 입맛이 다양해지고 있다. 옛날처럼 대규모의 공장에서 대량 생산된 소품종의 재화로는 소비자들의 다양해진 취향을 충족시킬 수 없다. 공장은 재화의 다양한 재화를 생산 규모를 줄여 생산하고 소비자들 곁으로 이동해야 산다. 지방 분권으로 더욱 커지게 될 지역민의 애향심을 충족시키려면 공장은 지역민들 곁으로 가야 하는 것이다. 이미 지역민들은 제품 구매의 동기를 자기 지역 공장 제품에 두기 시작했다. 작은 공장들이 지방으로 흩어져야 한다는 말이다. 외국 기업들도 국내에 진출하는 경우가 많아졌는데, 이들도 우리나라 지역민들의 제품 선택 동기를 반영하여 지방을 유력한 진출 대상으로 삼게 될 것이다.

지방 분권은 중앙 집권 체제하의 소품종 대량 생산을 다품종 소량 생산으로 전환시킨다. 중앙 정부가 주도하지 않은 경제 시스템은 소품종 대량 생산에 매력을 느끼지 못하기 때문이다. 이제 소품종 대량 생산 때문에 불필요하게 생산했던 구시대(舊時代)의 재화 생산이 줄어들고 새롭고 창조적인 생산이 생겨난다. 재화 생산의 구조 조정이 일어나는 것이다. 다양해진 소비자들의 입맛에 맞춘 구조 조정이다. 그런데 소비자들의 입맛은 다양해지고 있을 뿐만 아니라 고급화되고 있다. 따라서 기존 제품과 새로운 제품의 고급화가 필연적이다. 결국 균형 발전 정책은 소비자들의 기호에 맞추어 다양하고 고급인 제품 생산을 추구해야 한다. 소비자들의 취향에 맞춘 새롭고, 다양하고, 고급이며 창조적인 제품은 소비자들의 새로운 수요를 불러온다.

여기에 낙후 지역을 지원하는 균형 발전 정책으로 낙후한 지역민의 소득이 증가하여 소득 분배 구조가 개선되면 지역민들이 늘어난 소득의 많은 부분을 소비에 사용하므로 사회 전체적으로 소비가 늘어난다. 공급 과잉이 해소되어 경제는 활기를 찾는다.

결국 중앙 집중 체제에서의 피나는 경쟁은 줄어든다. 이렇게 되면 우리 경제는 '블루 오션'에서 활발하게 커 갈 수 있다. 지방이 블루 오션인 것이다.

지방화로 인한 생산 소비 조정

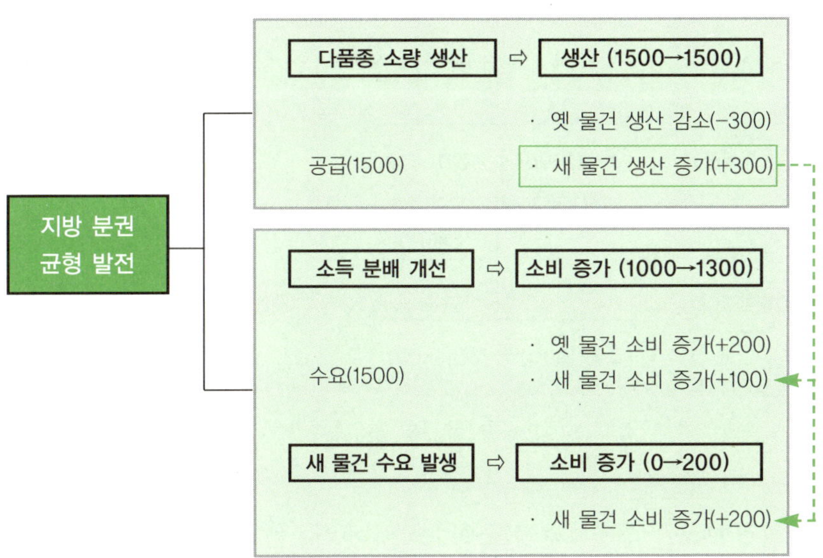

※ 전체 생산량은 일정함: 옛 물건 생산은 300이 줄고 대신 새 물건 생산이 300 늘어남.
※ 소득분배 개선으로 소비 300 증가: 옛 물건 소비 200 + 새 물건소비 100
※ 새 물건에 대한 수요 200 발생: 소비자들이 새 물건을 접하고 200만큼 구입.
※ 전체소비 1500: 1000(중앙집권시절) + 300(소득분배개선 효과) + 200(새 물건 효과)
※ 생산과 소비의 일치: 생산된 1500이 모두 소비되어 과잉생산 해소.

이상의 이야기는 다음과 같이 정리될 수 있다.

결국 지방화로 중앙 집권 체제 시절의 경제 규모가 1000에서 1500으로 확대된다는 것이다.

이제 위에서 설명한 일련의 과정을 종합하여 그림으로 정리하면 다음과 같다.

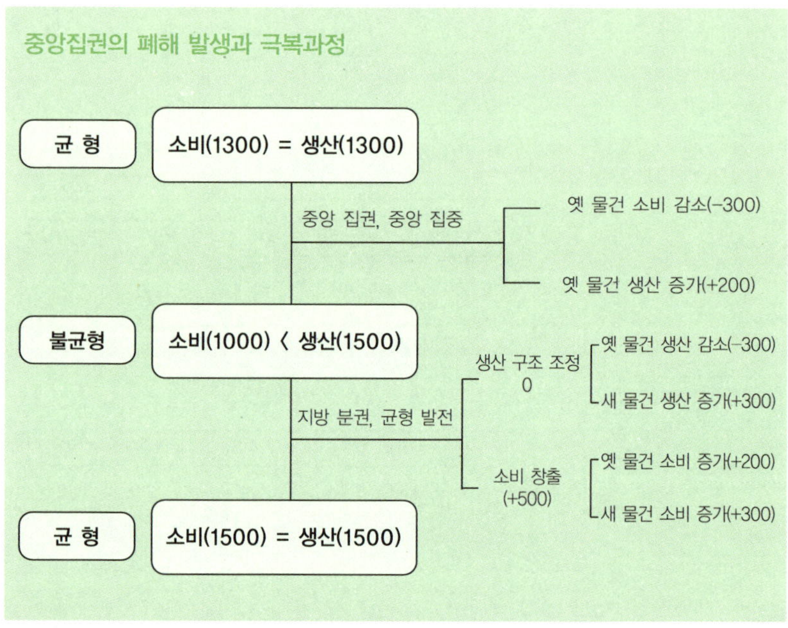

이제는 '골든 스카이(Golden Sky)'다 지방화에서 우리가 바라는 바는 오로지 지방에서만 블루 오션을 찾자는 것이 아니다. 중앙의 장점과 지방의 장점을 결합하여 대한민국의 경쟁력을 높이자는 것이다. 지방의 블루 오션을 찾는다고 하여 궁극적인 세계 시장에서의 피나는 경쟁을 외면해서는 안 된다. 우리나라가 선진국으로 가기 위해서는 피할 수 없는 길이다.

그러므로 그간 치열한 경쟁 시장인 레드 오션에서 싸워온 저력을 가지고 있는 중앙의 지혜와 경륜을 새롭게 찾은 새 시장인 블루 오션에서 힘차게 헤엄쳐나갈 지방의 창조력을 결합해야 한다. 이것이 가능해지면 우리 대한민국은 새로운 창조력으로 치열한 경쟁 시장에서도 당당하게 승리할 수 있을 것이다.

이때 사용할 단어는 스카이(Sky, 하늘)가 제격이라고 생각한다. 그래서 우리가 가야할 곳은 경쟁 시장과 새 시장이 공존하는 골든 스카이(Golden Sky)다. 결국 지방에서 블루 오션을 찾아 골든 스카이로 가자는 말이다.

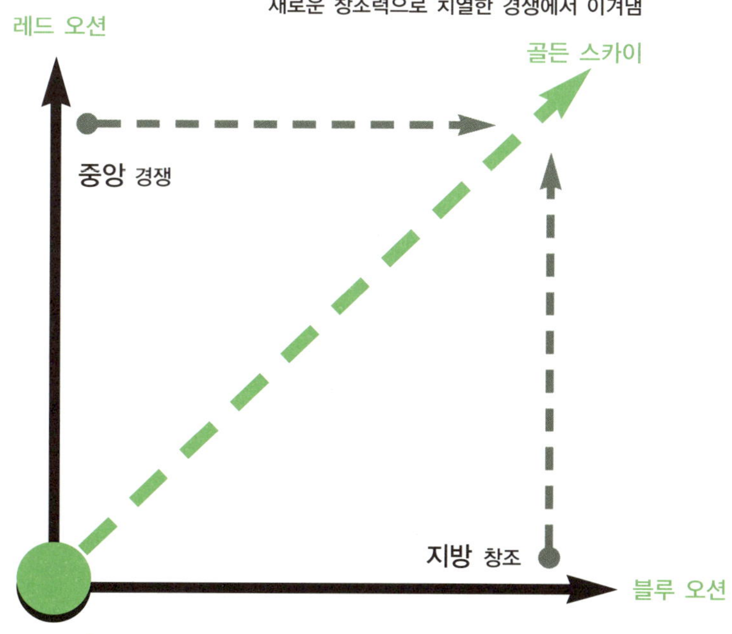

앞의 그림은 지방의 블루 오션 벡터와 중앙의 레드 오션 벡터가 합해져 더 커진 골든 스카이 벡터가 만들어짐을 보여준다.

레드 오션에서의 경쟁력과 블루 오션에서의 창조력을 결합해 골든 스카이로 날아오르자.

2 지방 분권이 개인·지역·국가에 기여하는 메커니즘

분권이 인간에게 만족을 주고 개인과 지역과 나라에 더 많은 부를 가져다주는 이유는 분권이 갖는 자율성, 효율성, 전문성 등의 세 가지 특성 때문이다. 이 3가지의 특성은 모두 효과성으로 귀결된다. 나는 개인적으로 이 3가지 중 자율성의 가치를 가장 높게 평가한다. 인간의 본성과도 관련되어 있기 때문이다.

1) 자율성

인간의 본성은 청개구리다 사람은 시키는 것과는 거꾸로 행동하고 싶어 하는 심리가 있다고 한다. 당신은 청개구리 이야기를 기억하리라 믿는다. 나는 이 이야기의 본질을 인간의 자율성에서 찾고 싶다.

인간은 본능적으로 누가 시키는 일은 하기 싫어한다. 스스로 하고 싶은 일을 해야 만족도가 높다. 그래서 시키는 대로 안 하거나 반대로 하는 경향이 있다. 물론 자제력이 있거나 또는 시킨 그 일을 해야만 먹고 사는 사람은 어쩔 수 없이 그 일을 해내야 하겠지만 말이다.

못 믿겠다면 실험을 해보는 것도 좋다. 착실히 공부하고 있는 아이들에게 공부해라, 공부해라 하면서 일일이 간섭을 해보면 알 수 있을 것이다.

소비자 선택 이론의 적용　인간은 자기 스스로 하는 일에서 보람을 느끼고 만족을 얻는다. 이런 인간의 특징을 표현하는 것이 경제학의 소비자 선택 이론이다.

두 가지 재화가 있을 때 소비자에게 알아서 선택하라고 하면 만족 수준이 높은 재화를 선택할 것이다. 그러나 어느 한 재화를 선택하라고 강요하면 만족 수준이 낮아질 수밖에 없다.

마찬가지로 지방자치단체가 두 가지 사업 중에서 정책을 결정할 때 지방의 의지대로 두 가지 사업을 적절히 혼합하면 지방의 만족 수준이 높고, 중앙 정부가 특정 사업만을 지방자치단체에게 강요하면 지방의 만족도가 낮다.

중앙 집권 체제는 지방에게 만족도가 낮은 점을 선택하도록 강요하는 체제이다. 그로 인해 지방은 자기 의지와는 상관없는 사업을 해야 한다. 자기가 원하는 사업은 따로 있는데도 말이다. 그러면 지방은 청개구리가 된다. 하기 싫은 사업을 누가 신명나게 하겠는가. 일의 성과가 떨어지는 것은 당연한 일일 것이다.

중앙 집권 체제의 문제는 여기서 그치지 않는다. 특정 정책을 강요하는 중앙 정부의 행동은 일의 성과를 낮출 뿐만 아니라 지방이 하고 싶은 일을 못하게 하는 심각한 문제점까지 지니고 있다. 지방이 일을 자신의 의지대로 수행하지 못하고 살아가는 날이 길어지면, 지방에는 의존성만 남게 된다. 이렇게 되면 지방민들은 지방의 모습에 대해 스스로 책임지지 않고 모든 것을 중앙의 탓으로만 돌릴 것이다.

진중권이 쓴 『미학오디세이』(현실과 과학, 2002)에는 ‘조각이란 쓸데없는 부분을 제거함으로써, 돌 속에 갇혀 있는 그 형상들을 해방시키는 작업’이라는 말이 있다. 이 말은 맹자가 복성(復性)을 강조하면서 한 말과 맥락을 같이 한다. 맹자는 인성의 선한 성품을 가리고 있는 것을 치워내고 원래의 상태로 회복시켜야 한다면서 이를 복성이라 하였다. 그러므로 조각 예술이란 아름다운 것을 가리고 있는 쓸데없는 부분을 치워내야 본래의 아름다움이 드러나는 것이다. 이 문장을 읽으면서 나는 이런 생각을 해본다.

‘지방 분권이란 중앙 집권의 쓸데없는 간섭을 제거함으로써 갇혀 있는 지방 고유의 장점을 해방시키는 작업’이 아닐까 하는.

관객이 없으면 예술이 성립하지 않듯, 지역이 없으면 나라가 없고 주민이 없으면 지역이 없다. 여기서 지역과 주민이 없다는 말은 존재 자체가 없다는 뜻이기도 하지만 중앙 집권 체제로 인하여 자율성이 없는 상황을 표현한 말이기도 하다.

예술 작품의 완성은 관객의 몫이다. 예술 작품은 완성품의 형태로 관객에게 배달되지는 않는다. 마찬가지로 중앙 정부는 지역 발전 또는 지역 발전 계획을 완성품의 형태로 지방에 배달하지 않는다. 그리고 그래서도 안 된다.

지역 발전의 완성은 지역민의 몫이지 중앙 정부의 몫이 아니다. 아니 어쩌면 그것은 지역민의 의무인지도 모른다. 이 의무의 수행을 위해서 지방에 자율성을 주어야 한다.

2) 효율성과 전문성

효율성   어느 강연장에서 들은 이야기다. 그 옛날 유럽에서는 전쟁을 할 때 병사들이 창을 들고 구보를 하면서 일자 대열을 유지하였다고 한다. 외국 영화에서 흔히 볼 수 있는 장면이니 이해가 갈 것이다. 문제는 전쟁 현장 지휘권이 중앙 집권적이어서 총사령부에 있었다는 것이다. 그때는 총을 쏘아도 1발 장진하여 1발을 쏘는 느릿느릿한 총격전으로 진행되었으니 지휘권이 총사령부에 있어도 괜찮았던 모양이다. 그런데 한꺼번에 여러 발의 총알을 쏠 수 있는 총이 발명되었다. 여러 발의 총알이 발사되는 총 앞에서 병사들이 일자 대열로 늘어서 있으면 많은 사상자가 날 수밖에 없었다. 일자 대열의 전투 형태를 바꾸지 않으면 안 되었다.

그러나 현장의 지휘관들은 지휘권이 없어서 수많은 병사들이 죽어가는 것을 그냥 지켜보고 있어야만 했다. 중앙 집권은 이렇게 참혹한 것이다. 그런 일을 겪은 후 전쟁의 지휘권이 일선 지휘관에게로 넘어

갔다고 한다.

어찌 전쟁터뿐이겠는가. 현장에서는 현장 지휘관이 직접 눈으로 보면서 지시를 내리는 것이 효율적이다. 지금 당장 기계가 고장이 났는데 기계를 만지는 기술자가 당장 고쳐서 사용해야지 고장 사실을 본부에 보고하고 본부에서 지시한 수리 방법에 따라 기계를 고친다면 오늘날 살아남을 기업이 과연 몇이나 되겠는가.

전문성 지방에 자율성을 주어야 한다고 강조하는 이유는 전문성에 있다. 지방의 일을 누가 제일 잘 아는가? 바로 지방이다. 우리 집 일을 누가 제일 잘 아는가? 우리 집 식구들이다. 나의 사정을 누가 제일 잘 아는가? 바로 나다. 그래서 지방, 우리 집 식구 그리고 내가 전문가가 되어 직접 일을 처리하는 것이 가장 효과적이다. 이런 측면을 강조하여 전문가들은 이를 '보충성(補充性)의 원칙'이라고 부른다.

주민 곁에 가장 가까이 있는 기관부터 일의 처리 권한을 가지되, 그 기관에서 일을 처리하기가 어려울 때는 다음 상급 기관에게 처리 권한을 넘겨 보충적으로 일을 처리하게끔 한다는 것이다. 왜 보충성의 원칙을 적용하는가? 그거야 주민에게 가장 가까이 있는 기관이 자기 지역 주민의 일에 관한 한 전문성이 가장 높기 때문이다.

지방 분권을 주장하는 것은 무슨 학술적 원칙을 관철하기 위해서가 아니다. 그래야만 자율성, 효율성, 전문성 제고로 지방과 국가의 정책 효과를 높일 수 있기 때문이다.

3 균형 발전 메커니즘

첫째는 방향이고 둘째가 속도다 망망대해에 배 한 척이 어디론가 가고 있다. 갈매기가 날아가는 저쪽이 우리가 가야할 곳이라고 모두들 말하니 선장은 그쪽으로 가자고 명령을 내렸다. 가다 보니 아무래도 아닌 것 같다고 모두들 말하니 다시 반대편으로 방향을 잡았다. 가다 보니 또다시 모두들 왜 이렇게 늦게 가느냐고 속도를 올려야 한다고 야단들이다. 그래서 선장은 전속력으로 달리라고 항해사를 질타한다. 항해사는 액셀러레이터를 힘껏 밟았고 마침내 육지에 도착했다. 그것도 예상 시간보다 훨씬 빠르게. 그런데 이게 웬일인가! 그곳은 우리가 도착할 곳이 아니었다. 차라리 도중에 닻을 내리고 방향을 확실히 알 때까지 기다렸더라면 좋았을 것을.

한 선수가 골프 게임을 하고 있다. 힘껏 티샷을 날린다. 공은 창공을 가로질러 멀리멀리 날더니 오른쪽 덤불 속에 빠지고 말았다. 차라리 그보다 멀리 안 보냈더라도, 왼쪽으로 방향을 조금만 틀었더라도 멋진 경기를 했을 텐데. 노련한 경기자들은 첫 번째 샷에서 공을 멀리 보내지 않고 적당히 보낸 다음 두 번째 샷에서 안전하게 그린에 올려 놓는다고 한다. 초보자들은 그저 멀리만 보내느라고 정신들이 없는데 말이다.

사람들은 '빨리'를 무척 좋아한다. 특히 한국 사람의 '빨리빨리'는 관광지마다 유행처럼 퍼져 있기도 하다. 한 예로 길을 잃은 사람은 불안해서 아무 곳이나 헤매고 다닌다. 그것도 이곳으로 또는 저곳으로 가면 되지 않을까 하는 생각에 잰걸음으로 말이다. 길을 잃은 사람은 차라리 그 자리에 서 있는 게 좋다. 그래서 단체 여행을 할 때 길을 잃으면 그 자리에 그대로 서 있으라고 여행 가이드들이 충고를 하는 것이다.

모르면 가지 말고 그 자리에 그냥 서 있어라. 그래도 가야 한다면 주변 사람들에게 길을 물어 방향을 먼저 잡아야 한다. 그런 다음 그곳까지 거리를 감안해 빨리 걷든지 느리게 걷든지 아니면 빠르게 차를 타고 갈 것인지를 결정하면 된다. 빠르게 가는 것만이 좋은 것은 아니다.

이처럼 세상의 일이란 먼저 방향을 잡는 일이 제일 중요하다. 그런 다음 속도를 어떻게 내야 하는지 고민하면 된다. 이때 속도의 조절도 중요하긴 마찬가지다. 속도의 조절을 위해서는 액셀러레이터와 브레이크를 번갈아 적절히 사용해야 한다. 훌륭한 지도자는 방향과 속도 조절에 능해야 한다. 그렇지 않으면 사람들을 엉뚱한 곳으로 데려가거나 사고가 날지도 모른다.

　내가 이처럼 방향과 속도에 대해 강조를 하는 데는 다음과 같은 이유가 있다.

　첫째, 우리나라의 발전 방향을 이제는 바꾸어야 한다고 믿기 때문이다. 지금까지의 발전 방향대로 중앙 집중 체제로 수도권 위주의 정책을 유지한다면 우리나라의 최종 도착지는 우리가 궁극적으로 추구하는 곳이 아닐 가능성이 매우 높다. 생산성 향상의 한계에 이른 수도권 위주의 발전 전략을 수정하여 지금까지 이용하지 않고 버려두어 아직은 발전 잠재력이 많은 지방의 자원을 이용해 나라 전체의 이익을 늘리자.

　오른쪽에 있는 S 곡선 그림을 보자. 중앙 집중적 방식을 새 방식으로 혁신하지 않고 고수할 경우 마음이야 A점으로 가고 싶지만 생산성이 막혀 결국에는 C점에 머무르고 만다. 그러니 B점에서 정책의 방향을 지방 중심으로 전환하여 A점으로 가는 것이다.

　둘째, 지방의 균형 발전을 위해서는 두 가지 접근 방법이 필요하다. 하나는 지방 스스로 능력을 갖추는 일이고 또 다른 하나는 낙후한 지방에 정부가 특별 지원을 하는 일이다.

　지방 스스로 발전 능력을 갖춰야 한다　지방이 능력을 갖추는 일부터 생각해 보기로 하자. 사업에 '사' 자도 모르는 자식이 사업을 하겠다고 할 때 무작정 돈을 내주는 부모는 없을 것이다. 이와 마찬가지로 준비가 되어 있지 않은 지방에 무턱대고 지원을 할 수는 없는 일이

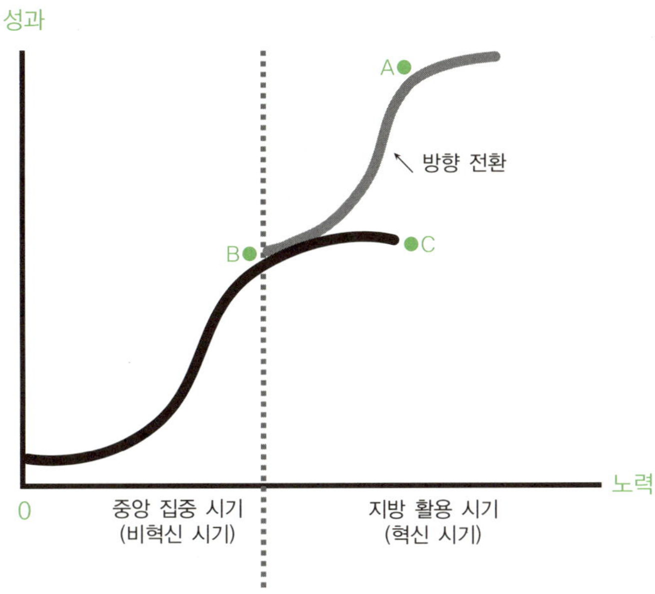

다. 그래서 모두들 '혁신'을 드높이 외치는 가운데 '지역' 자를 붙여 '지역 혁신'을 부르짖게 되었다. 또 어떤 사람들은 지방의 생산성을 높여야 한다고 하면서 '기술' 자를 붙여 '기술 혁신'을 강조하기도 한다. 나는 지역 혁신은 '방향'을 말하고, 기술 혁신은 속도를 말하는 것이라고 본다.

혁신 부문에서 지역 혁신을 보자. 지역 혁신은 방향을 잘 설정하는 일이다. 그것도 혼자가 아니라 지역의 주민들이 함께 논의하면, 즉 단체장의 통치가 아니라 지역 구성원 모두의 협치(協治, 거버넌스)를 통하면 올바른 방향 설정이 보다 쉽게 이루어진다. 그럼 방향 설정의 예를 들어보자. 지역이 앞으로 무엇을 가지고 먹고살 것인가에 대한 방향 설정이다. 이때 사용된 논리는 선택과 집중이다. 우리 지역에서 할 수 있는 여러 가지 일 중 가장 잘할 수 있는 분야를 우리가 가야 할 방향으로 선택해서 지역과 국가가 집중 투자하면 성공한다는 논리다. 지역의 기업들은 이렇게 결정된 분야 중 역시 자신이 가장 잘할 수 있고 새로운 시대가 요구하는 제품으로 방향을 설정해야 한다.

다음은 혁신 부문의 기술 혁신 차례다. 사실 기술 혁신은 모두에게 익숙한 개념이라고 여겨진다. 열심히 기술을 개발하여 생산성을 올리자, 효율성을 높이자, 비용을 절감하자는 등의 이야기들이 이 범주에 들어간다. 얼마나 귀에 못이 박히도록 들어온 말인가. 개인적으로 이 것만이 능사는 아니라고 생각하지만 그렇다고 이것이 중요하지 않다는 말은 아니다. 효율성을 높이는 속도 문제는 가장 중요한 일은 아닐지라도 여전히 다음 그림처럼 매우 중요한 문제다.

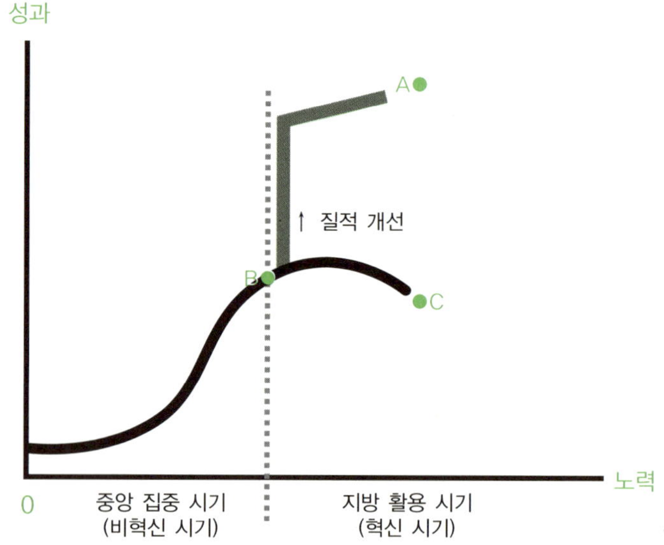

다만 앞으로는 방향을 보면서, 속도 조절도 하면서, 때를 맞추어가면서 혁신해 가는 것도 중요하다는 말이다.

왼쪽 그림에서는 협치를 통한 지역 혁신과 기술 혁신을 포함하는 혁신은 옛날 부문에서도 생산의 속도를 높여주는 것을 보여주고 있다. 그러므로 옛날 부문에서 새로운 부문으로 방향 전환이 이루어졌다 하다라도 남은 옛날 부문은 철저한 구조 조정 등을 통하여 질적 개선을 이루어야 함을 보여준다.

낙후한 지방엔 더욱 큰 관심을 보이자 지방 발전을 위한 두 번째 방법으로는 낙후한 지역에 대한 특별 배려다.

요즘은 농사를 지을 때 무조건 화학 비료를 뿌리지 않는다. 비료를 뿌리면 그 해 농사는 잘되겠지만 다음해부터 토양이 척박해지고 작물이 병약해져 좋은 농산물을 수확할 수도 없을 뿐만 아니라 그런 농산물은 사람들이 사가지도 않는다고 한다. 그리고 연구를 하는 농민들 중에는 풀도 매주지 않는 사람도 있다고 한다. 풀의 뿌리가 흙 속으로 뻗어가면서 공간을 만들어 산소도 공급하고 흙을 보슬보슬하게 해주어 흙의 힘을 키워주는데, 풀이 없으면 흙 속에 공간이 없어 죽은 흙이 된다는 것이다. 그래서 지금 당장 비료를 뿌리지 않고 풀을 매주지 않으면 손해를 보는데도 의연히 상식과 반대로 가는 농민들이 있다. 나는 이 점을 주의깊게 보아야 한다고 생각한다.

지방으로의 지원이 풀에 빼앗기는 양분으로 보일지라도 그 때문에 나라가 더 건강해질 것이라고 말할 수는 없을까? 마치 풀의 존재가 흙

을 비옥하게 해주듯이 지방의 존재가 나라를 더 건실하게 해준다고 볼
수는 없을까?

세상은 결코 혼자만 살 수 있는 게 아니다. 뿌리에 열매가 열리지
않는다고 뿌리를 자르면 어찌 나무가 살 수 있으며, 잎사귀에 열매가
열리지 않는다고 잎사귀를 따내면 어찌 열매가 열릴 수 있겠는가. 뿌
리를 자르지 않고 잎사귀를 따내지 않는 것은 열매를 열리게 하는 가
장 생산성 높은 일임을 잊어서는 안 된다.

지방은 다 사라지고 서울만 있으면 나라의 열매가 열린다고 생각
하는가? 우리의 식량을 생산할 농촌도 사라지고 서울 사람들 나들이
갈 관광지도 황폐해지고 나면 우리 서울은 도대체 어떻게 살아갈 수
있을까.

세계는 지금 국가가 아닌 지역과 도시 그리고 특수 지구로 승부하
는 시대이다. 우리를 감동시키는 미국은 수도 워싱턴이 아니라 서부 지
역 실리콘 벨리다. 우리를 감동시키는 영국은 수도 런던이 아니라 케임
브리지 대학과 옥스퍼드 대학과 이들 대학이 있는 바로 그 도시다.

우리나라는 오로지 서울 하나로 세계를 감동시키려고 한다. 우리
나라의 서울은 외국 어디에서나 볼 수 있는 도시다. 우리만의 도시는
과연 어디에 있는가? 이면우 교수는 『생존의 W이론』(랜덤하우스중앙,
2004)에서 '세계화란 남의 것을 인정하면서 우리 것을 제시하는 것'이
라고 말한다. 세계는 약육강식의 사회이니 그런 사회에서 안전을 보장
받으려면 세계에 줄 우리 것이 있어야 한다는 것이다. 우리 것이란 무
엇인가. 우리 고유의 기술과 산업 그리고 문화를 말한다. 그런데 서울

만 고집한다면 어떻게 되겠는가.

　세상 만물은 서로 대응하는 힘의 관계가 균형적으로 유지될 때에만 활력을 가지는 법이다. 우리가 사랑하는 대한민국도 서울과 지방이 어느 정도 균형을 이룰 때 서로 상대할 만한 힘을 발휘할 수 있다. 시너지 효과는 이럴 때 생기는 것이다.

아이를 낳지 않는 사회 사람들이 아이를 낳지 않는다. 통계청 자료를 보면 출산율이 1.16명(2004년 기준)이다. 부부 한 쌍이 아이 하나 낳고 사는 사회가 된 것이다.

어떤 사람들은 그동안 인구가 너무 과밀하여 환경 파괴와 같은 부작용으로 지구가 시달렸으니 인구가 적정 수준으로 줄어드는 것은 바람직한 일이라고 말한다. 틀린 말은 아니다. 지구는 지금 과밀한 인구 때문에 몸살을 앓고 있으니까.

그러나 급격한 변화에는 무리가 따른다. 적정 체중이 70kg이라고 하여 현재 체중이 130kg인 사람의 체중을 하루 만에 70kg으로 줄여놓으면 그 사람은 죽는다. 이때 중요한 것은 적정 체중이 아니라 적절한 체중 감소다. 꾸준한 체중 조절이 건강을 위해서 더 중요하다. 마찬가지로 지구의 인구가 과밀하다 하여도 지나친 감소는 인간 사회의 건강에 절대 이롭지 않다. 2명이 1명을 겨우 넘기는 출산은 한국 사회의 붕괴를 가져올 수도 있는 급격한 변화이다.

저출산 경향은 의학 기술과 가세하여 인구의 급속한 고령화를 초래했다. 2004년 말 기준으로 우리나라 65세 이상 인구가 481만 1631명으로, 전체 인구의 9.88%에 해당한다. 더 심각한 문제는 이 비율이 급격히 올라가고 있다는 데 있다. 인구 고령화가 심화되면 경제에 태풍이 불어닥칠 것이다. 돈을 벌어야 할 인구는 줄어들고 부양받을 인구는 점점 늘어나 연금 제도가 흔들린다. 인구 구조 변화에 맞추어 산업 구조가 변동한다. 늘어나는 노인 부양을 위하여 국가 기능이 더 커져야만 한다. 늘어나는 노인과 함께 사회 제반 영역에서 여러 가지 형태의 노인 문제가 발생한다. 우리 사회는 앞으로 노인 문제로 인한 홍역을 단단히 앓는다는 말이다.

인간사가 점점 더 힘들어간다 왜 사람들이 아이를 낳지 않는가? 인간사가 점점 힘들어가기 때문이다. 사람이 산다는 게 재미있어야 하는데 세상은 힘든 일이 너무 많다. 한 번 얻은 생명은 그 끈질긴 생에 대한 본능으로 하루하루 힘들고 고달프게 이어져간다.

더 큰 성과를 위해 열심히 일해야 하는 직장 생활이 힘들다. 더 많은 계약, 더 많은 판매, 더 높은 승진이 인생의 선(善)이고 최고의 목표가 되어버린 시대에 우리는 살고 있다. 그래서 나도 가족도 내팽개치고 일에 목숨을 걸어 이것저것 거머쥐지만 언제 다시 곤두박질칠지도 모를 삶은 위태롭기까지 하다.

어디론가 가고는 있는데 더 빨리 가야한다고 아우성이니 숨쉴 틈조차 없다. 여유가 없으니 어디로 왜 가는지도 모르고 마냥 달리다가 인생이 끝난다. 너무 허무하지 않은가.

자녀들에게로 눈을 돌려보자. 도대체 왜 그렇게 공부를 해야 인간이 행복한 삶을 누리게 되는 것인지는 잘 모르겠지만 하여튼 공부를 잘해야 좋은 대학에 들어갈 수 있다. 그러니 아이들에게 부모가 할 수 있는 말은 공부하라는 말밖에는 없다. 아이들도 그래야 한다니까 힘들고 때론 괴롭기도 하지만 어쩔 수 없이 공부를 한다. 밑도 끝도 없는 반복 학습과 학원 수업 그리고 과외 공부는 자녀들의 창의성을 좀먹고 젊음의 자산을 갉아먹는다. 의식 있는 부모들은 이대로는 안 된다고 이런저런 참견을 해보지만 괜히 아이들 성적만 떨어뜨리는 것은 아닌지 걱정이 태산이다. 그 뿐인가? 과외비는 왜 이렇게 비싼지 빠듯한 살림에 등이 휜다. 어떤 사람들은 견디다 못해 외국 유학을 보낼까도 생각해 보고 또 보내기도 하지만 그 길인들 순탄하겠는가. 자식 키우기가 힘들다는 말이 여기저기서 터져나온다.

TV를 켜면 서울의 부동산 가격 폭등 소식이 뉴스를 장식한다. 월급 받아 쓸 것 안 쓰고 아등바등 저축을 한다면 도대체 몇 년을 모아야 서울에 집 한 채를 마련할 수 있을까? 아, 못 올라갈 나무구나! 그래서 돈 모으는 것은 포기하고 하루하루 충실히 살아가기로 한 사람들이 늘어났다. 자동차도 고급으로 구입하고 해외 여행도 가고… 어차피 집 하나도 장만할 수 없는데 버는 것 쓰고라도 살아야지 하며. 하지만 그러다가도 미래를 생각하면 눈앞이 아득해 온다. 과연 자식들에게 무엇을 해줄 수 있을까? 내 아이들도 앞으로 내 신세처럼 고달프게 살아야 하는데 그 가슴 아픈 꼴을 내가 어찌 볼 수 있겠는가. 그래, 아이 없이 살지 뭐!

세상의 돈은 점점 더 부자들에게로만 집중되고 있다. 빈익빈부익부 현상은 이제 심각한 사회 문제로 떠올랐다. 가난한 사람들은 날이 갈수록 더 힘들어진다는 말이다.

재미있어야 즐거워야 사는 맛이 난다. 그런데 인생이 이렇게 고달프니 살맛이 나질 않는다. 이 힘든 세상에 내가 과연 아이를 낳아 잘 키울 수 있을까? 의문은 꼬리를 무는데 희망은 보이질 않는다. 그래서 아이를 낳지 않는다. 인구는 줄어간다.

이젠 복지에 힘쓸 때다 복지 사회란 무엇인가? 사회 보장 제도가 잘 운영되어 사회 구성원의 생활이 향상되고 행복하게 생존권을 누리는 사회를 말한다. 복지가 들어가는 말에는 반드시 '행복'이란 단어가 나온다.

힘들고 지친 인생에 희망을 주는 것이 복지이다. 인생의 의미를 찾아주는 것, 실직에 대한 두려움을 사라지게 해주는 것, 주택 문제에 대한 걱정을 덜어주는 것, 자녀의 교육 문제에 대한 고민을 해결해 주는 것, 자녀의 앞날에 대한 희망을 갖게 하는 것 등등이 바로 복지이다.

복지는 국가의 기본 도리이고 복지에 대한 투자는 결국 국가의 성장을 돕는 일이기도 하다. 사회 구성원이 행복한데 국가가 잘못될 리가 있겠는가.

복지에 대한 투자는 경제도 건실하게 한다. 그 이유는 바로 다음과 같다.

첫째, 복지에 대한 배려는 사람들의 불안을 해소시켜 경제를 활성화시킬 수 있다. 경제가 어려운 이유 중의 하나는 사람들이 미래를 불안하게 여겨 소비와 투자를 하지 않기 때문이다. 이런 사람들은 지갑을 꽁꽁 닫고 쓰질 않는다. 그러니 기업들은 판매 부진으로 어려움을 겪게 되고 미래에 대한 자신이 없으니 투자를 하지 않는다. 하지만 사회적 안전망이 잘 갖추어져 있으면 사람들은 불안감을 덜고 지갑을 열어 소비 활동에 나서게 되고 기업들의 투자도 활발해질 것이다.

둘째, 빈부 격차 해소는 사람들을 더욱 열심히 일하게 한다. 최준식은 『한국인에게 문화는 있는가』(사계절, 1997)에서 서로 다른 것을 못 참는 한국인의 기질을 설명했다. 우리 민족은 평등 의식이 매우 강하다. 이 말은 불평등에 대해 못 참는다는 말이기도 하다. 불평등의 종류는 경제, 집단, 가족, 지역 등 수없이 많다. 이 말을 경제의 경우로 한정시켜 보면, 불평등의 상황에서는 일할 맛이 나지 않는다는 표현이다. 저소득층의 소득을 늘려 빈부 격차를 줄인다면 사람들은 희망을 가지고 신바람 나게 일할 수 있을 것이다.

셋째, 복지 시스템을 잘 갖춰 저소득층이 구매력을 가지게 되면 나라 전체의 구매력이 살아난다. 사람이 벌어들인 소득 중에서 소비가 차지하는 비중을 소비 성향(=소비/소득)이라고 한다. 그런데 고소득자들은 벌어들인 소득의 크기가 커 소득 중에 소비가 차지하는 비중이 얼마 되지 않는다. 그러니 소비 성향이 작다. 반면에 저소득자들은 소득의 크기가 작다. 그렇기 때문에 벌어들인 돈의 대부분을 소비할 수밖에 없다. 소비 성향이 높다는 말이다. 그러니 저소득자의 소득이 올라가면 그들은 그 돈의 많은 부분을 소비하게 된다. 이렇게 되면 나라 전체로 소비가 활성화되어 경제가 살아난다.

넷째, 복지 사회가 도래하면 사람들은 미래에 대해 불안해 하지 않을 것이다. 아이도 많이 낳을 것이다. 그러면 인구의 공동화 현상이 사라진다. 건강한 사람들로 사회 구석구석이 새롭게 채워지고 꽉 채워진 사회는 튼튼하게 돌아간다. 경기가 풀리고 경제 걱정은 옛날이야기가 될 것이다.

제3장

새 메커니즘의 실천 원칙

　새로운 방향으로 설정된 지방 분권과 균형 발전을 실천하는 원칙은 약점보완과 강점강화다. 각 원칙의 상세한 설명으로 중앙 정부와 지방자치단체 그리고 지역 주민들이 지방화 시대에 대비하는 자세를 설명한다.

1 병목 현상 타파로 약점을 보완하라

병목 현상　여기 한 사람이 있다. 만일 그에게 심장이 없다면 어떻게 될까? 또 간이 없다면, 폐가 없다면, 위가 없다면… 아니, 없다고 하면 너무 심하므로 약하다는 말로 바꿔보자. 만일 다른 모든 장기는 튼튼한데 심장만 매우 약하다면 그 사람은 분명 건강한 사람은 아니다. 간만 약해도, 폐만 약해도, 위만 약해도 결과는 마찬가지다. 이렇게 사람의 건강은 약한 장기에 의해서 결정된다.

식물은 자신에게 필요한 영양소 중에서 가장 부족한 영양소에 의해 발육 상태가 결정된다. 마치 다음 물통 그림에서 통에 담긴 물의 높이는 물통의 가장 낮은 부문에 의해 결정되듯이. 이런 현상을 '리비히의 법칙'이라고 부른다.

물을 관으로 흘려보내고 있다. 그런데 관의 크기가 일정하지 않고 어느 한 부분이 좁다. 이때 흐르는 물의 속도는 바로 좁은 부분에 의해 결정된다. 이른바 병목 현상이 발생하는 것이다.

병목을 늘려주어야 한다　이제 이상의 증상에 대한 대책을 생각해 보자. 심장이 약해 건강이 안 좋은 사람을 위해서 어떻게 해야 할까? 심장을 튼튼하게 하면 된다. 병목 현상 때문에 물의 흐름이 느려서 문제라면 그 부분을 넓혀주어야 한다.

롤스(J. Rawls)는 사회의 만족도는 "그 사회의 최저 계층의 만족도에 의해 결정된다"고 하였다. 우리 사회의 병목은 최저 계층 사람들로 가득 찬 상태다. 그러니 정부는 사회 최저 계층 사람들을 위해 병목을 늘려주고 넓혀주어야 한다. 그것이 바로 그들에 대한 배려다.

경제 문제도 약점을 보완해야 풀린다. 이미 공급이 수요를 초과하여 경제가 어려운 경우를 언급하였다. 이때는 공급을 따라가지 못하는 수요가 약점이다. 그러므로 약점인 작은 수요를 증가시키면 문제는 해결된다. 결론적으로 말하면 최저 계층이 잘살면 약점인 수요가 사라져 경제가 풀린다는 말이다.

국가도 약점인 지방을 보완하라　장기 하나가 손상되면 그 사람은 건강하지 않다. 공장에서 물건을 만들 때에도 생산 라인 중 어느 한 곳이 멈추면 전체 라인이 영향을 받는다.

약점보완 원칙을 강조하는 이유가 바로 여기에 있다. 국가의 경우에도 이 원칙이 그대로 적용되기 때문이다. 서울이 아무리 발전하여도 지방이 취약하면 국가가 초일류로 나갈 수 없다. 서울에서 아무리 좋은 물건을 만들어내고 좋은 이미지를 국제 사회에 준다고 해도 지방의 열악함이 한국의 위상을 떨어뜨린다면 한국은 그만큼 국제 사회에서 경쟁력이 떨어지는 것이다. 선진국들은 고품질의 지역을 수십 개씩 내놓으며 세계 시장을 잠식해 가고 있는데 우리는 오로지 서울 하나의 상품만을 고집하며 세계 시장에 내놓을 텐가? 이런 게 국가 경쟁력인가 말이다. 서울이 명품이 되려면 이를 받쳐주는 지방 또한 명품이 되어야 한다.

2 선택과 집중으로 강점을 강화하라

선택과 집중 그리고 비교 우위론 선택과 집중만큼 널리 알려진 논리도 드물지만 이 말처럼 잘못 알려진 논리도 드물다. 이 말은 경제학의 비교 우위론을 다른 용어로 살짝 바꾸어 포장한 것에 지나지 않는다. 그런데도 심지어 경제학자들조차 이 말에 대한 오해의 함정에 빠져 있다. 경제 관료들 역시 마찬가지다.

이미 배운 비교 우위론에 대해 복습을 한번 해보자. 교과서마다 모두 나오는 진부한 이야기이지만. 한 예로 변호사는 비서보다 법률 지식도 더 많고 타이핑도 더 잘하지만 법률 지식에서 더 우위를 보이므로 변호사는 타이핑은 하지 않고 법률 지식과 관련된 업무를 처리하고, 비서는 법률 지식과 타이핑 모두 변호사보다 못하지만 그래도 타이핑은 덜 못하기에 타이핑으로 경제 활동을 한다.

결론적으로 비교 우위론이란 비교를 남 하고만 하지 말고 자기가 할 수 있는 일 중에서 비교를 해 제일 잘할 수 있는 것을 고르라는 말이다.

경쟁의 본질은 내 안의 것들과의 경쟁 "여러 개 중에서 경쟁력 있는 것을 선택하여 그것을 집중 육성하겠다." 정부에서 발표한 선택과 집중의 표현이다. 그랬더니 즉각 여러 곳에서 반응이 왔다. 반응의 공통점은 그 이해의 내용이었다. 이 말에 대해 모두들 '다른 지역과 비교해서 더 잘하는 곳에 자원을 주겠다'로 이해하였다. 낙후한 지역에서는 '도대체 우리 지역에 경쟁력 있는 산업이 있는가? 없다면 우리는 앞으로 어떻게 되는 것인가?'라고 불만을 터트렸다. 기가 막히게도 경제학자들을 포함해 이 말을 설명 또는 인용하는 사람들이 거의 대부분 그런 의미로 선택과 집중을 소개하고 있었다.

많은 사람들은 '경쟁'을 거의 본능적으로 남과의 경쟁으로 생각한다. 달리기 경쟁도 남과 하며, 물건 판매 경쟁도 남과 한다. 잘산다, 고상하다, 위대하다, 영웅적이다, 용감하다, 충성스럽다 등등 이런 말을 쓸 때에도 대개 남보다 더 그렇다는 것을 염두에 두고 사용한다.

앨퍼드(C. F. Alford)가 쓴 『한국인의 심리에 관한 보고서(남경태 역)』(그린비, 2000)에서 경쟁에 대한 플라톤 사상을 엿볼 수 있었다. 플라톤은 잘산다, 고상하다, 용감하다 등의 말의 가치가 남과의 비교를 통한 가치라면 그것은 갈등만을 초래할 뿐이라고 말하고 있다. 그래서 플라톤은 남들과의 경쟁으로부터 내 안에서 일어나는 경쟁으로 그 방향을 변화시켰다.*

경쟁의 본질은 내안의 것들과의 싸움이다. 이를 직업 선택에 적용시키면 이렇다. 내가 할 수 있는 일은 학자, 운동 선수, 예술가, 농부 등등 여러 가지가 있다. 하지만 내가 이 일을 다 할 수 있는 것은 아니다. 사람들은 일반적으로 내 안의 것들 가운데 자신이 가장 잘할 수 있는 것을 직업으로 선택하여 살아간다.**

강호에는 고수가 많다 지금 화가인 어떤 사람은 가수보다도 노래를 더 잘할 수도 있다. 그러나 화가인 그 어떤 사람은 노래보다는 그림을 더 잘 그렸기에 화가가 되었다. 노래만을 놓고 보자면 가수가 그 화가보다 노래를 더 못할 수도 있다. 노래의 진정한 고수는 화가일 수도 있는 것이다. 이런 일이 왜 벌어지는가. 그것은 가수를 뽑을 때, 모든 사람을 대상으로 하지는 않았기 때문이다. 노래를 놓고 모든 사람이 경쟁하여 노래를 가장 잘하는 사람이 가수가 된 것이 아니라, 자기가 할 수 있는 일 중에서 노래를 가장 잘하는 사람들만 모아서 가수를 뽑았기 때문이다.

----

* 플라톤은 이로부터 개인 안의 극기와 자제를 배양하는 덕목으로 나아갔고 이것이 서양 철학의 요체라고 한다.

** 맹자의 사상은 이보다 한 단계 더 나아간다. 플라톤은 남과의 비교를 내 안의 것들과의 비교로 완전히 바꾸었지만, 맹자는 남과의 비교를 남겨놓고 있다. 원래 공자(孔子)의 인(仁) 사상은 남보다 더 인(仁)하다의 의미로 쓰이는 것이었다. 이것이 맹자에 의해 내 안에서 더 인(仁)하다의 의미로 쓰이게 되지만, 맹자는 남에 대한 자비를 여기에 추가함으로써 남과의 관계도 살아 있게 하였다. 남보다 더 자비롭되, 내 안에 그 자비함을 축적해 간다는 수양의 의미가 동시에 담겨 있다. 비교 우위란 남들보다 열등한 것 가운데 덜 열등한 것을 내 안에서 찾고, 남들보다 더 우등한 것 가운데 가장 우등한 것을 내 안에서 찾는 것이다.

아름다운 여성 이야기로 화제를 돌려보자. 당신은 미스코리아를 볼 때 그 여성이 이 세상에서 가장 아름답다고 생각하는가? 꼭 그렇지는 않을 것이다. 이때도 역시 선택과 집중 논리가 적용된다. 미스 코리아에 당선된 미인도 미스 코리아 대회에 나오지 않은 다른 여성보다 더 아름답지 않을 수 있다. 미스 코리아 경연 대회에는 자기 안에서 가장 내세울 만한 것이 아름다움인 여성들만 출연하기 때문이다. 빼어난 미인이지만 다른 것이 더 우위에 있는 여성은 그 대회에 참가하지 않는다.

이것이 바로 강호(江湖)에 고수가 많은 이유다. 서울도 모든 분야에서 고수일 수 있다. 그러나 한 사람이 다른 사람보다 모든 분야에서 고수라고 하여 모든 분야의 일을 다 하고 살 수는 없다. 지방도 지방 나름대로 할 수 있는 일이 있다는 것이다. 그러나 현실은 서울이 모든 것을 독식하겠다고 한다. 그러나 혼자서 모든 일을 다 하는 사람은 세상 어디에도 없다.

남과의 경쟁은 없다 개인이나 지역이나 모두 자기 안의 1등을 가지고 있다는 것 그리고 개인이나 지역이나 그것을 가지고 살아갈 수 있다는 것을 인정할 때 세상은 존립이 가능하다. 남과의 경쟁은 그 다음부터다. 내 안의 것들 가운데 경쟁을 거쳐 화가를 직업으로 선택한 사람은 이제 다른 화가들과 경쟁하며 살아야 한다. 그러나 엄밀하게 따져보면 이때부터의 경쟁도 내 안의 것들과의 경쟁이다. 나는 이런저런 스타일의 그림을 모두 그릴 수는 있지만 자신이 제일 잘 그리는 스타일을 선택하여 화가로 살아가야 하기 때문이다.

언젠가 최고 가수를 뽑는 자리에서 한 가수가 이런 말을 하였다.

"나는 나대로의 스타일이 있고 다른 가수는 그 가수대로의 스타일이 있는데 어찌 비교를 하여 최고를 뽑을 수 있느냐?"

그렇다. 각자는 자기가 제일 잘한다고 선택한 것을 묵묵히 하면 되는 것이다. 그리고 그것을 남과 비교해서도 안 될 일이다.*

교정적 또는 양육적 비교 우위론 지역 내 우선 순위를 생각하라는 주문이 여기저기서 있었다. 지방에 할당된 예산을 지방 정부가 자율적으로 사용하되, 잘할 수 있는 일에 투자하라는 것이다. 이와 동시에 일을 잘할 능력이 있는 곳에 집중적으로 자금을 지원하여 효율을 중시해야 한다는 주장도 수시로 제기되었다. 그러자 혼란이 일었다. 혼란의 하나는 지역별로 예산 한도를 정하여 일정한 자금을 지방에 할당하겠다는 정책과 효율을 따져 지원하겠다는 정책이 충돌한다는 것이고, 또 하나는 효율에 따라 자금을 지원하면 기왕에 자립 능력이 우수한 지역에게만 유리할 것이라는 논란이었다.

우리나라에서는 비교 우위론이 불균형 성장 모델을 지지하는 데 사용되었다. 한 국가에서 가장 잘할 수 있는 것을 선택하여 집중 투자하고 여기서 발생하는 과실을 다른 분야에 분배하는 것이었다. 이 모

---

* 벤담은 이런 터무니없는 일을 하려다가 실패하고 말았다. 사과 1개와 배 1개를 어찌 같은 차원의 물체로 볼 수 있는가? 그러나 그는 이것을 같이 보려고 했다. 합하면 몇 개일까 같은 무모한 도전을 한 것이다.

델의 전제는 가장 잘하는 부분의 과실을 열등 부분에 분배하는 것이었으나 이는 지켜지지 않았다.

따라서 이제는 비교 우위론에 교정적(矯正的) 또는 양육적(養育的) 관점을 더하여 접근하는 방안을 생각해야 할 때다. 각 지역마다 비교 우위에 따른 최선의 산업은 반드시 존재하지만, 그 산업이 지역을 이끌어가는 기능을 하게 할 만큼 튼튼하게 발전하려면 전략적 지원이 필요하다는 것이다. 이때 균형 발전, 특성화, 충분한 능력 달성 등이 전략적 지원의 기준이 될 것이다.

국가의 산업 정책도 옛날에는 어떤 특정 산업을 한 국가의 여러 지역들 중에서 어느 지역으로 분배할 것인가에 대한 것이었으나 이제는 각 지역마다 자신의 자원을 어떤 분야에 분배할 것인가를 스스로 선택하여 집중 투자해야 한다.

그러므로 우리 지역의 경쟁력 있는 산업은 다른 지역의 그 산업과 경쟁하여 이기는 산업이 아니라 우리 지역에서 가장 잘할 수 있는 산업이다. 그리고 정부는 각 지역에서 결정한 그 산업에 대해 지원을 해야 한다. 이 말은 지역에서 어떤 산업을 선정하여 중점 육성하든 정부는 상관하지 않고 지역의 인구와 자원 상황에 비추어 필요한 자금만 지원해 주면 된다는 말이다. 그러나 어떤 지역의 해당 산업 산정 과정이 다른 지역에 비해 시원치 않고 논리적으로 허점이 많다면 정부는 지원을 하지 않을 것이다. 정부인들 헛돈을 쓰고 싶겠는가 말이다. 지역간 경쟁이란 말이 간혹 쓰일 때는 그런 의미에서의 경쟁을 말할 것이다. 이를테면 산업 선정 과정 자체의 지역간 경쟁 말이다.

만일 두 지역에서 선정한 산업이 우연히도 정확히 일치한다면, 정부로서는 과잉 공급을 막기 위해 조절 작업에 들어가야 한다. 이때 어떤 지역의 산업이 지원 대상으로 결정되겠는가? 그것은 정말로 그 산업이 그 지역의 강점 산업인가의 여부 그리고 그 지역의 역량이 그 산업으로 세계 경쟁력을 확보할 수 있겠는가의 여부가 그 기준이 될 것이다. 그러니 각 지역에서는 자신의 강점 산업을 정확히 고를 수 있는 능력을 길러야 한다.

그 다음으로는 선택된 산업을 세계적으로 키우기 위해 피나는 노력을 기울여야 한다. 다른 지역을 이기기 위해서가 아니라 지역 스스로 험한 세상을 헤쳐나가 세계의 명품으로 우뚝 설 능력을 키우기 위해.

3

지방 분권과 균형 발전은 어떻게 이루어지나

제1장 지방 분권의 이모저모

제2장 균형 발전을 위한 모색들

제3장 복지 사회를 위하여

지방 분권의 이모저모

지방 분권이 적용되는 현장을 찾아 중앙 정부, 지방자치단체, 지역 언론, 지역 기업, 개인의 순서로 지방 분권을 위해 해야 하는 일은 무엇이고 그 일을 저해하는 요인은 무엇인지, 그 방해 요인을 극복하기 위해서는 무엇을 해야 하는지 등을 알아보기로 한다.

1 핵심은 자율성이다

지방 분권에 대한 중앙과 지방의 반대 지방 분권을 해야 한다고 '지방분권국민운동' 이라는 조직을 꾸려 지방 분권을 촉구하고 다니던 2003년도에, 지방 분권은 서울과 지방 모두에게 찬밥 신세였다. 중앙 측은 국가의 자원을 서울에 집중해 국가 경쟁력을 올려야 하는데 '지방 사람들이 몰려와 돈 내놓으라 아우성' 이라면서 중앙 정부보다 지방 정부가 돈을 더 많이 쓰는데 무얼 더 어떻게 하라는 것이냐며 반문했다. 지방 정부가 돈을 더 쓰면 지방화가 이루어진 것일까?

한편 지방 측은 재정 자립도가 10%인데 이제부터 그 10%를 가지고 어떻게 살란 말이냐며 지방 분권을 반대했다. 앞으로도 중앙 정부가 계속 지원을 해주어야 하는데 분권이 되면 큰일이라는 것이다. 지금까지 지방 정부는 중앙 정부에서 준 돈을 가지고 일을 해왔다. 중앙 정부가 돈만 주면 모든 게 해결된다는 것이 사실이라면 오늘날 지방이 왜 이 모양이 되었는가? 돈을 더 주면 잘될까? 얼마나 더 주면 될까?

지방 분권의 핵심은 지방 예산의 자율성이다 이런 반대를 뚫고 지방 분권을 촉구하는 일은 참으로 어려웠다. 수많은 회의와 토론회 그리고 강연장에서, 지방 분권의 핵심은 '지방에 돈을 더 달라는 것이 아니라 지방에 내려 보내는 돈에 자율성을 부여하는 것이다' 라고 아무리 외쳐도 도무지 이해하질 못했다.

다음 그림은 우리나라 조세 구조를 대략적으로 보여준다. 국민이 내는 세금의 80%는 국세이고 20%는 지방세이다. 중앙 정부는 국세로 받은 세금 중에서 전체 조세의 약 35%에 해당하는 금액을 국고 보조금, 양여금, 교부금의 형태로 지방 정부에 지원을 한다. 결국 중앙 정부는 전체 세금의 45%, 지방자치단체는 55%를 사용하는 것이다.

중앙 정부가 지방에 지원하는 자금 중 교부금은 지방에서 자율적으로 사용한다. 그러나 국고 보조금과 양여금은 중앙 정부에서 지정해준 용도로만 사용해야 한다.* 다른 용도로 쓰는 것이 더 바람직하다고 해도 그럴 수가 없다. 나는 앞에서 선택을 강요받으면 만족도가 떨어지므로 선택의 자율성을 주어야 한다고 말했었다. 용도가 정해진 국고 보조금이나 양여금은 지역에서 자유롭게 쓸 수 있는 예산인 교부금보다 만족도가 떨어진다. 지역 주민의 만족 수준을 높이려면 교부금의 비

---

* 양여금은 참여 정부가 들어서면서 폐지되고 교부금 등 지역에 배분되는 다른 예산에 흡수되었다.

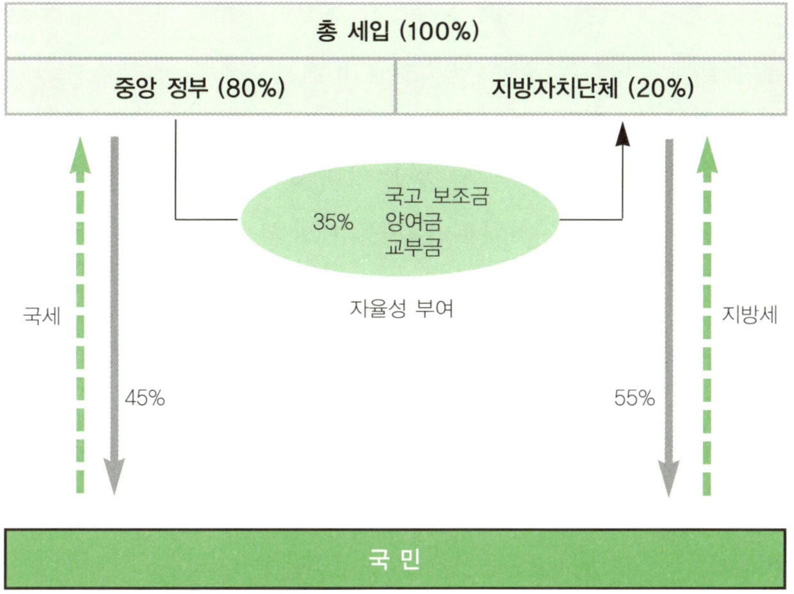

중을 높여야 한다. 이렇게 하면 지방 정부는 지역의 실정에 맞는 발전 전략을 세우고 실천하여 지역민의 만족도를 높일 수가 있다. 지방 분권의 핵심은 예산 지출의 자율성에 있다. 이를 '세출 자치'라고 한다.

한편 지방세의 비중을 높이자는 주장도 많다. 세출 자치는 자주 재원, 즉 지방 정부 스스로 조달하는 재원의 비중을 높이면 가능하기 때문이다. 자주 재원의 비중을 높이자는 것을 '세입 자치'라고 부른다. 자주 재원의 중요성을 강조하는 분들이 소득세나 소비세의 일부를 지방세로 전환하여 지방세를 늘리는 정책을 연구하고 있다. 단, 실제 세금을 거두어 분배하는 실세 행정 절차를 생각하어 검증해야 할 필요가 있다.*

그러나 지방세의 비중을 높이면 각 지역의 경제력 차이 때문에 지방 재정의 규모가 지역에 따라 차이가 날 수밖에 없다. 그 때문에 자율성 확보를 위하여 지역간 경제력 차이를 공고히 하자는 것이냐며 지방세 확충을 반대하는 사람들도 있다. 이를 위하여 마련된 제도가 지방 재정 조정제도이다. 지역의 자율성은 최대한 보장하되, 지역간 경제력의 격차는 중앙 정부의 조정으로 감소시킨다는 것이다. 각 지방을 꾸려가는 데 필요한 예산의 규모를 적정한 공식에 따라 산정한 다음, 지방세 수입과의 격차를 교부금 형식으로 배분한다. 그러나 지방에서 필요한 만큼을 100% 충족시켜준다면 지방 자체의 재원 조달 노력을 약화시킬 우려가 있다. 그러니 신중하게 고려한 후 제도를 만들어야 할 것이다.

서로 지방 분권에 대해 오해를 하던 중앙 정부와 지방 정부가 지금

-----

* 주요 국가의 지방세와 지방에서 사용하는 총 조세 사용액의 비중을 비교해 보면 다음과 같다.

주요국의 지방 가용 재원 비중 (2004)

구분	단일 국가				연방 국가	
	일본	영국	프랑스	한국	독일	미국
세입 (국세 : 지방세)	59:41	95:5	82:18	80:20	51:49	59:41
총 조세 사용액 (중앙 : 지방)	37:63	71:29	69:31	43:57	29:71	32:68

※ 지방 총 조세 사용액 비중 = (지방세+이전 재원)/(국세+지방세)
※ 한국의 경우, 지방 교육 이전 재원 포함
※ 자료 : 기획예산처

은 지방 분권의 핵심에 대해 어느 정도 이해가 된 듯하다. 다만 중앙 정부는 지방 분권의 핵심에 대해서는 동의하지만 그렇게 완벽한 의미의 지방 분권은 동의하기 힘들 뿐만 아니라 가능하지도 않으니 현실적인 수준에서의 분권화를 지향하는 것으로 보인다.

한편 지방 정부는 중앙 집권 시대보다 돈을 적게 받지는 않는다는데 대해서는 안심을 하는 것 같다. 그러나 아직도 지방 정부는 예산을 자율적으로 사용하는 것에 대해서는 별 생각이 없다. 대신 이왕에 지방화를 하려면 돈이나 더 많이 지원해 주면 좋겠다는 생각에는 변함이 없다.

부모들도 주는 자율성을 왜 중앙 정부는 못 주나　지방 예산 지출의 자율성 주장은 그리 대단한 것이 아니다. 많은 가정에서는 이미 실천하고 있는 것이기도 하다. 대부분의 가정에서 부모들은 자녀들에게 용돈을 줄 때 자율권과 함께 준다. 어디에 쓸 것인지 묻지 않고 또 이것 해라 저것 해라 간섭도 하지 않는다. 또한 용돈 사용 계획서를 받지도 않으며 한 달 후에 계획대로 집행했는지 일일이 검사하지도 않는다. 하지만 대다수의 아이들은 나름대로 받은 용돈을 자신의 상황에 맞추어 잘 사용한다. 그러면서 경제도 알아가고 시행착오도 겪는다.

자율성의 위력에 대해 아직 실감을 하지 못하겠다면 부모님께 전화를 드려 생신 때나 명절 때, 선물을 원하시는지 현금을 원하시는지 여쭈어 보자. 거의 대부분의 부모님들은 현금을 원하실 것이다. 왜냐하면 선물은 좋든 싫든 정해진 것이고 현금은 본인이 정말 원하는 것을 살 수가 있어 만족도를 높이기 때문이다.

　여하튼 이렇게 이미 우리 가정에서는 자녀들에게 돈을 지원할 때 자율성을 한껏 보장해 주고 있는데, 왜 중앙 정부는 지방에 대해 그렇게 하지 못하는가. 이러니 중앙 정부는 부모보다 못하다는 말이 나오는 것이다.

2 이제 그만 자전거 잡은 손을 놓아라

지방 분권에 대한 염려와 신뢰 지방 정부에 권한과 예산을 넘기자니, 지방 정부의 현재 업무 능력을 가지고는 갑자기 주어진 권한을 원만하게 소화할 수 없다고 염려하는 사람들도 있다. 그럴 수 있다. 지금껏 중앙 집권의 지휘 아래서 그곳만 바라보며 살아온 세월이 얼만데 하루아침에 달라지겠는가? 지방화 초기에는 주민들의 기대에 부응하지 못할 수도 있을 것이다.

그러나 지방 정부, 지방 공무원의 자질을 걱정할 필요는 없다. 그들은 앞으로 지방화 정책을 수행하는 과정에서 많은 시행착오를 겪겠지만 누구보다 뛰어난 업무 능력을 개발해 나갈 것이다. 다시 말해 지방 정부는 그 동안 업무 능력을 개발할 기회가 없었다. 마치 과잉으로 보호받은 아이가 스스로 문제를 해결할 능력을 키울 기회가 없었던 것처럼 말이다.

　물론 낙관만 하는 것은 아니다. 지방 분권을 주장하고 있는 순간에도 끊임없이 터져나오는 지방 정부의 비리 사건에 나 또한 어이가 없다. 또 지방에 권한을 주자고, 그래서 지방 스스로의 발전 계획을 세우도록 해보자고 이런저런 지방화 정책이 제공되고 있건만 여전히 중앙에 의존만 하려는 그들의 태도는 우리를 절망케도 한다. 스스로 무엇인가를 만들어볼 생각은 하지 않고 언제나 습관처럼 중앙 정부의 특단의 대책 운운만 하는 지방 정부를 보면 울화가 치밀기도 한다.

　그러나 그들은 영원히 그렇게 머물러 있지는 않을 것이다. 사람은 학습을 하면 능력이 자라게 되어 있다는 믿음 때문이다. 설령 그들이 실패한다고 해도 우리는 그들에게 그들의 권한을 돌려주어야 한다. 지방 분권은 마땅히 받을 권한을 받는 것이기 때문에 그렇다.

　민주주의와 지방 분권의 가치　이는 마치 민주주의가 국가를 더 힘들게 하는 한이 있더라도 민주주의는 실현되어야 하는 것과 마찬가지다. 애로우(K. Arrow)는 개인의 선호를 모두 합한다 하여 사회 전체의 의견이 되지는 않는다는 '불가능성의 정리'라는 이론으로 노벨상을 받았다. 이 말은 투표로 개개인의 의사를 물어 사회 전체의 의사 결정을 하는 것이 반드시 옳지는 않다는 것이다. 그러나 생각해 보라. 우리는 모두 아무런 의심 없이 투표를 하고 그것을 민주주의라고 믿고 살고 있다. 왜 그럴까? 노벨상까지 동원해 투표의 불합리성을 지적하지만, 사회는 여전히 투표로 유지되고 있는 이유가 무엇일까?

그것은 그만큼 민주주의의 가치가 크기 때문이다. 참여자 모두의 의견을 묻는 것의 가치가 그만큼 크기 때문이다. 투명한 절차를 따르는 참여 과정은 스스로 공신력을 발생시켜 결정 결과에 대한 의문을 없애주고 권위를 부여한다. 사람들은 그래서 민주주의를 거쳐 결정된 결과에 승복하고, 민주주의를 거쳐 그들이 스스로 개척한 운명은 그들 스스로 흔쾌히 책임을 진다.

지방 분권도 민주주의처럼 사회를 힘들게 할 가능성도 있다. 그렇더라도 지방 분권은 실시해야 한다. 지방 분권의 가치가 그만큼 크기 때문이다. 지방 분권의 가치는 '카이저의 것은 카이저에게로'라고 표현되는 정당성에서 발생한다. 지방 분권은 지방의 권한 회복이기 때문이다. 이처럼 민주주의가 그 스스로 가치를 가지듯이 지방 분권도 그 스스로 가치를 갖는다. 그러니 설령 지방 분권으로 사회가 고초를 겪을지라도 지방 분권은 시행해야 한다. 그리고 지방은 흔쾌히 그 권한과 권한의 행사에 대한 책임을 져야 한다.

상처가 자전거 타는 법을 배우게 한다　나의 팔에는 어려서 자전거를 타다가 넘어져서 생긴 제법 큰 상처가 있다. 아이가 자라면서 어느 순간이 되면 자전거를 배우고 싶어 안달을 한다. 넘어져 피가 흘러도 개의치 않고 아이들은 낑낑대며 자전거를 탄다. 겁이 많은 아이들은 자전거를 타고는 싶지만 선뜻 나서질 못한다. 이럴 때 부모가 나서서 아이에게 자전거 타는 법을 가르친다.

자전거를 처음 배울 때는 누군가가 자전거 뒤를 붙잡고 따라가면서 "왼쪽으로, 오른쪽으로"를 끊임없이 외쳐준다. 그러다 어느 순간 자전거 잡은 손을 놓아버린다. 이때 아이들은 십중팔구 넘어지고 상처가 나게 되어 있다. 그 누구도 이 과정 없이 자전거를 배울 수는 없다. 아이들은 그 상처 덕분에 자전거를 타고 폼 잡으며 학교에도 가고 친구네 집에도 가게 되는 것이다.

상처가 생길까 염려하여 자전거 붙잡은 손을 놓지 않으면 그 아이는 어쩌면 영영 자전거를 타지 못하는 사람이 될지도 모른다. 그 아이에게 자전거를 타게 하고 싶다면, 평생 붙잡아줄 수 있다면 모르지만, 붙잡은 손을 과감하게 놓아야 한다.

중앙 정부와 지방 정부와의 관계도 마찬가지다. 지방 정부도 간섭 없이 지역 정책에 대해 자기 스스로 수립하여 수행해 보고 싶을 때가 반드시 온다. 또 이런 경우도 생각해 볼 수 있다. 지방 정부 입장에서는 스스로 일을 수행하기 싫고 여전히 중앙 정부의 지시에 따라 지방 행정을 수행하고 싶은데, 지방의 구성원들이 중앙 정부에 지방 분권을 요구하고, 지방 정부에는 지방 업무를 자율적으로 수행하라고 다그친다. 주민, 교수, NGO, 언론 등이 지방 분권을 요구하는 지금이 바로 그런 때이다.

이럴 때면 중앙 정부는 드디어 때가 왔음을 알아차리고 과감하게 지방 분권을 단행하여야 한다. 물론 지방 분권이 가져오는 아픔은 많다. 권한을 내려 보내는 측의 허전함, 권한을 받을 측에 대한 염려스러움, 이런 게 다 아픔들이다. 하지만 어쩌랴. 시어머니가 그렇게도 애지중지하던 곳간 열쇠도 때가 되면 며느리에게 물려주지 않던가. 부모도 때가 되면 자녀들에게 재산을 물려주지 않던가. 영원히 움켜쥘 수 있는 것은 그 어떤 것도 없다.

권한을 받은 지방은 시행착오를 겪을 것이다. 일을 잘 못한다고 언론에서 연일 질타를 받을 수도 있다. 그럴 바에는 왜 지방 분권을 했느냐는 원망도 감수해야 할지도 모른다.

실수하면서 크는 법이다. 실수하면 쏟아지는 질책을 들으면서 지방 정부는 노력을 할 것이다. 그러면서 연륜이 쌓이면 일을 잘하게 될 것이다. 직장 상사들도 부하 직원을 바라볼 때는 못미더워하는 법이다. 그러나 자리를 줘보라. 이 친구에게 이런 면도 있었나 싶게 일을 잘할 것이다. 지금까지 어수룩하게 보였던 것은 일할 권한과 기회를 주지 않았기 때문이다.

이와 같은 이치는 '지방'이라는 직원에도 그대로 적용될 것이다. 그러니 가자. 지방 분권의 세계로!

3 공짜라고 양잿물을 마시겠는가

유치한 인간의 본성　우스갯소리처럼 들리겠지만 유치한 예를 한 두 개 든 후에 본론으로 가고자 한다.

먼저 밥상에 대해서다. 밥상에 공동 음식이 있고 자기만 먹을 수 있는 음식이 있다. 이때 사람들은 일반적으로 자기 앞에 확보된 음식보다는 공동으로 먹는 음식을 먼저 먹는다. 그리고 자기 음식은 나중에 느긋하게 먹는다. 좀 유치한가? 그러나 그게 사람이다.

또 단체 여행이라도 갈라치면 총무를 한 명 세운 후 공동 경비를 내게 된다. 그런데 경비를 공동으로 거두어놓으면 그 경비는 공동의 자원이 된다. 그리고 돈을 거둔 다음에는 사람들은 이 돈을 공짜라는 심정으로 사용한다. 사람들은 그래서 너나 할 것 없이 총무에게 "이것도 먹자, 저것도 사자"라고 하면서 마음 편하게 주문을 한다. 돈을 쓸 때마다 자기 호주머니에서 돈을 내야 하면 사람들은 그렇게 마구 요구하지 않는다. 공동으로 경비를 모아 여행을 가면 돈을 쓸 때마다 마음은 편하다. 그러나 경비가 금세 사라지는 것만큼은 각오해야 한다.

사람들이 이러는 데는 이유가 있다. 이 이유를 설명하는 이론이 바로 '공유지의 비극'이다. 공동으로 소유하고 있는 풀밭에 여러 가정에서 소를 방목하면 사람들은 풀밭의 풀이 말라 죽든지 말든지 자기 소 배불릴 생각만 한다. 그래서 자주 방목을 하다 보면 결국 풀밭이 말라 죽어 풀밭이라는 공동의 자원이 고갈된다는 말이다.

공짜라면 양잿물도 먹는 지방 정부 중앙 정부에서 사업 하나를 계획하면 지방은 피나는 경쟁에 돌입한다. 그 사업을 공짜로 여기기 때문이다. 지방 정부는 공짜인 중앙 정부의 돈을 한 푼이라도 더 많이 가져오려고 혈안이 된다. 어쩌겠는가? 인간의 본성이 그러한데. 중앙 정부의 돈을 미리미리 나누어줄 수밖에.

정부에서 공공 기관을 지방으로 이전하겠다고 안을 내놓았다. 지금까지 꿈도 꾸지 않던 사람들이 벌떼처럼 일어나 서로 자기 지방으로 유치를 하겠다고 아우성들이었다. 공공 기관을 마을의 공동 풀밭처럼 공동의 자원으로 생각하기 때문이다. 공짜이니 어서 빨리 유치하자는 것이다. 초기에는 광역 자치 구역별로 자기 지역으로 유치하려고 시도 지사들이 온갖 방법을 다 동원하더니, 광역 구역으로 배치한 후에는 기초 자치 구역별로 혈투가 이어졌다. 역시 광역 구역 내에 배정된 공공 기관을 공동의 자원으로 인식하기 때문이다. 서로 싸우다가 공공 기관 이전 자체가 무산될 수 있어도 그건 별로 개의치 않는다. 우선 공짜인 것을 받는 게 훨씬 급박하기 때문이다.

하지만 정부의 지원금은 힘들게 받아왔지만 '공짜'라는 생각에는 변함이 없는 것 같다. 그 이유는 중앙 정부 지원으로 지방에서 벌어지는 이런저런 공사를 보면 알 수 있다. 저곳에 쓰이는 중앙 정부 지원금이 만일 지방 정부가 자율적으로 사용할 수 있었다면 과연 저곳에 투자되었을까 하는 생각이 들 때가 많다. 월드컵 경기장은 지금 대부분 커다란 적자를 내고 있다. 해당 지역 단체장들에게 적자임에도 불구하고 왜 월드컵 경기장 유치에 열성이었느냐고 물으면 아마 다음과 같은 답이 나오지 않을까. "경기장 지으라고 공짜로 주는 돈을 받지 않으면 주는 돈도 못 받았다고 봉변을 당할 텐데 왜 안 받느냐"라고.

만약 정부가 그 예산을 마음대로 쓰라고 했다면 경기장 건설에 사용했겠느냐고 물으면 이렇게 답할지도 모른다. "지역 경제를 위해 해야 할 일이 얼마나 많은데 경기장을 짓겠습니까?"라고. 대도시마다 경쟁적으로 건설해 시민들에게 너무나 큰 부담을 주고 있는 지하철에 대해서도 아마 같은 답이 나올 것이다.

중앙 정부의 돈이므로, 공짜이므로 가져다 쓰자고 하여 벌려놓은 사업 때문에 1년에 수십억, 수백억 원의 적자를 내면서 지방 재정에 피멍이 들고 있다. 중앙 정부 돈을 가져다가 벌려놓은 일들도 다 나름대로 '필요해서'라고 한다. 그러나 따져보면 '필요해서'보다는 '공짜여서'가 훨씬 큰 이유다. '공짜라면 양잿물도 먹는다'라는 말이 그냥 생겨난 게 아니다. 공짜라면 무조건 받고 보는 게 인간이고 인간의 본성이기 때문이다.

　이 '공짜'를 없애야 나라가 건실해질 것이다. 어차피 지금까지 중앙에서 지방으로 가던 예산이라면 미리 지방 정부로 이전하고 그 예산을 지방 정부가 알아서 쓰라고 하면 된다. 그렇게만 된다면 할 것도 많은데 적자가 눈에 보이는 경기장을 짓고, 다리를 놓고, 지하철을 놓는 등의 일은 아마 없을 것이다. 이게 바로 지방 분권을 해야 하는 이유이다.

4 지역 언론이 살아야 지방이 산다[*]

지역 방송의 절규　우리는 2001년 9월 3일 '지방 분권 실현을 위한 전국 지역 지식인 선언'을 발표하였다. 지방 분권의 중요성을 일반에게 알리고 중앙 정부에 대해 지방 분권의 실현을 촉구하기 위해 발표한 선언이었다. 거기에는 각 지역의 학계, 언론계, 교육계, 법조계, 의료계, 시민운동가 등 많은 지식인들이 참여하였다. 그 선언은 후에 지방 분권 운동의 모태가 되었다.

이 일을 위해 지역 방송국에도 갔었다. 지방 분권의 중요성을 방송국 사람들에게 설명하고 서명에 동참해 줄 것을 부탁하는데, "우리도 죽겠습니다"라는 말을 듣게 되었다. 왜냐고 물으니, 중앙 방송의 전파

---

* 이 글에서는 주로 지역 방송에 대해 이야기하였다. 그러나 지역 신문을 포함한 지역 언론 모두에게 적용되는 이야기다.

를 인공 위성을 통해 곧바로 지방에 송신하는 정책이 시행될 예정이어서 지금 지역 방송국 사람들은 그것을 막느라고 다른 일에 신경을 쓸 겨를이 없다고 했다.

당시 각 지역 방송국은 중앙 방송의 전파를 받아 지방의 중계소를 통해 각 가정에 전달하고 있었다. 그리고 중앙 방송 시간 중 일부를 할애 받아 지방 프로그램을 마련해 지역민에게 내보내는 시스템이었다. 그런데 위성으로 전파를 중계하게 되면 지역민들은 지역 방송은 보지 않을 것이라는 게 그들의 염려였다. 지역의 이런저런 문제를 다루는 지역 방송 프로그램이 방영될 때 중앙 방송에서 인기 연예인이 출연한 프로그램을 방영한다면 과연 지역민이 어느 프로그램을 보겠는가? 굳이 따져 보지 않아도 지역 방송의 시청률이 떨어지게 된다. 이때 문제가 되는 것이 바로 광고 수익과 지역 정보다. 더 말해 무엇 하겠는가.

지역 방송 없는 지방 분권은 안 된다 지역 방송이 제 기능을 하지 못하면 지역민은 지역에 대해 무관심과 무지로 일관할 것이다. 그런 상태에서는 지방 분권이 순조로울 수가 없다. 지역민의 관심 없는 지방 분권이 어떻게 가능하겠는가 말이다. 이 문제는 그냥 넘길 일이 아니었다. 이런저런 행사에 참여할 때마다 다음과 같이 강조하였다.

첫째, 지역 문제를 해결하기 위한 지역 여론의 형성 공간으로서 지역 방송은 반드시 존재해야 한다. 지역민의 지역에 대한 무관심으로 인해 방치되는 지방 권력은 지역민의 삶에 치명적인 영향을 미칠 것이다. 또 중앙에서 예산과 권한을 가져오고 난 후, 그 집행 과정과 결과를 어떻게 감시할 것인가는 매우 큰 관심사다. 지방 권력들을 감시하고 그 결과를 지역민에게 시시각각 전달해 주는 그 누군가가 필요한 것이다.

이때 이 기능을 수행할 적임자가 바로 지역 언론이다. 그리고 지역 방송은 지역민에게 지역의 각종 이슈에 대한 정보 습득과 토론의 장을 제공하고 여론 형성을 통해 행정 기관에 대한 감시 비판, 주민 자치 능력을 제고시키는 일에 앞장서야 한다. 지역 관심사에 대한 언론의 정보 제공은 주민들의 지역에 대한 관심과 참여 의식을 높여 지방 자치를 성공으로 이끌 것이다.

둘째, 지역 방송은 생활 방송으로서 살아 있어야 한다. 세상에는 중요한 것이 많이 있지만 제일 중요한 것은 '나'이며 나를 둘러싼 환경이다. 그러니 나의 생활과 직결된 소식을 가장 빠르게 전해 듣고 지역 문제 해결을 위한 참여 방법과 수단을 끊임없이 제공해 주는 생활 방송인 지역 방송은 반드시 살아 있어야 한다.

셋째, 지역 방송은 지방끼리 상호 학습을 가능하게 하여 각 지방의 수평적 발전의 틀을 구축해 준다. 지방마다 고른 발전을 위해서는 다른 지방으로부터 배우고 동시에 우리 지방의 경험을 다른 지방에 전달해 주는 과정이 필요하다. 이런 역할을 누가 하겠는가? 지역과 지역을 쉽게 연결할 수 있는 지역 방송이 마땅히 해야 한다. 그래야 정보의 신속한 교환으로 필요 없는 낭비를 줄이고 지방 상호 학습을 통해 지역 균형 발전에 한걸음 더 나아갈 수 있는 것이다.

지역 방송 살리기는 중앙 정부의 사명 2001년 11월 심포지엄*에서 나는 방송 정책을 주관하는 중앙 정부에 대해 다음과 같이 주장하였다.

첫째, 중앙 방송과 지역 방송의 고유 영역이 서로 다름을 인정해야 한다. 이 점을 생각하지 않고 중앙 방송과 지역 방송을 경쟁시키는 것은 옳지 않다. 사람들은 경쟁이라는 말 앞에서는 대부분 주눅이 든다. 마치 능력이 없는데 특별히 좀 봐주라는 것 같아서 그러는 것이다.

그러나 경쟁 논리의 기본 원리를 제공하는 경제학은 아무데서나 경쟁 논리를 주장하지 않는다. 보완재는 서로 경쟁하는 사이가 아니다. 서로의 제품을 보완하는 제품을 만드는 회사는 경쟁하는 사이가 아니다. 컴퓨터 회사와 소프트웨어 회사가 서로 경쟁하는가? 커피 가루를 만드는 회사와 커피 크림을 만드는 회사가 서로 경쟁하는가?

마찬가지로 중앙 방송과 지역 방송도 결코 경쟁하는 관계가 아니라 서로 보완하는 관계이다. 그런데 어찌 중앙 방송과 지역 방송을 놓고 서로 경쟁하라고 하는가? 교양, 문화, 오락 프로그램은 중앙 방송의 영역이겠지만, 지역의 여론 형성과 정책 대안 프로그램은 지역 방송의 영역이다. 방송을 제 기능대로 국민에게 공급하려면 중앙 방송과 지역 방송의 고유 영역을 인정하고 보호해야 하는 것이 마땅하다.

둘째, 지역민들에게 재미가 없더라도 지역 소식을 전해야 한다. 지역민이 자기가 살고 있는 지역의 문제에 관심을 갖도록 말이다. 그래

---

* 지방 분권 심포지엄: 지방 분권과 지역 방송, 지방분권추진지역연대(현 지방분권국민운동), 2001년 11월 17일

야만 지방 자치 시대에 대비할 수 있다.

셋째, 지역만을 생각하는 프로그램을 육성해야 한다. 지역 방송사에 시청률에 상관없이 지역에 대한 프로그램만 내보내라고 강요할 수는 없다. 지역 관련 프로그램에 아낌없는 지원을 하여 지역 방송이 스스로 지역에 관심을 가지도록 유도해야 한다.

이 주장은 현 정부의 인수위원회에 요구한 지방 분권 과제에 포함시켰고, 지역언론육성법으로 구체화되었다.

지역 방송도 사명감으로 무장하라　지역 언론이 필요한 이유는 지역에 도움이 되기 때문이다. 이러한 까닭에 2003년 방송균형발전연대 창립식에서 지역 언론인들에게 다음과 같이 요구를 했다.

첫째, 지역에 몰두하라. 지역 발전의 대안을 제시하고, 지방자치단체를 감시하고 견제하는 데 전념해 달라. 지역 방송은 중앙 방송하고 경쟁해서는 안 된다.

둘째, 상업성에 지나치게 치중해서는 안 된다. 지방에 관련된 이야기를 많이 다뤄야 하고 그 안에서 시청률을 끌어올려야 한다. 지역 방송의 사명은 지역민과 더불어 지역의 문제를 풀어가는 데 있음을 잊어서는 안 된다.

셋째, 다른 지역에 우리 지역을 홍보해야 한다. 지금은 브랜드 이미지 시대이고 개방의 시대다. 지역 혼자서는 살 수 없다. 서로 비교 우위에 따라 지역별로 서로 주고받아야 살 수 있다. 그 중계 역할을 지역 언론이 맡아야 한다.

지역 언론의 중흥을 꿈꾸며　나는 2001년 7월 심포지엄 이후 지역 방송 지키기에 열과 성을 다했다.

이런 과정에서 지역 방송인들은 지역 방송이 단지 자신들만이 아니라 지방 분권을 위해 중요하다는 사실을 인식하였다. 그것은 매우 중요한 전환점이었다. 지방 분권에 대한 깊은 이해를 바탕으로 당시에 다소 생소했던 '지방 분권'을 담론으로 만드는 일에 혁혁한 공을 세웠던 것이다.

그래서 지방 분권은 전 국민적 관심 사항으로 떠올랐고 2002년 대선 기간 중에 가장 뜨거운 이슈가 되었다. 만일 지역 방송인들의 관심이 없었더라면 지방 분권이라는 주제가 우리 사회의 주요 의제로 떠오르는 일은 힘들었을 것이다. 그리고 그들은 지방화 3법 통과에 결정적 역할을 하였다. 이렇듯 지역 방송은 지방 분권을 위해 너무나 중요한 존재다.

지역 방송이 처한 어려움을 듣던 날, "지역 방송이 살아나면 앞으로 어떻게 방송할 것인가?"를 물었던 기억이 난다. 그때 '좋은 프로그램'으로 보답하겠다는 답변을 들었다. 지역 방송의 좋은 프로그램이란 뭘까? 지역의 이야기를 있는 그대로 진솔하게 보여주는 것이 아닐까?

5 권한은 사람을 성장시킨다

어라, 여행을 다녀오니 매출이 늘었네?   어느 중소기업 사장이 나에게 들려준 얘기다. 그 사장은 지금까지 부인과 해외 여행을 한 번도 다녀온 적이 없다고 한다. 좀 먼 곳으로 가려면 회사를 2주 이상은 비워야 하는데 자기가 없는 회사는 생각조차 할 수가 없어 비울 수가 없다는 것이다.

이게 무슨 말인가? 그 많은 과장, 부장, 이사, 부사장 들은 그냥 폼으로 있나. 이런 사람들이 모두 제 할 일을 하면 사장 할 일이 뭐 얼마나 된다고 해외 여행 한번 갈 수가 없다는 말인가. 분권주의자의 시각으로 보면 이 사장님은 기업 내 분권을 하나도 하지 않은 사람이라는 생각이 들었다.

그런데 큰맘 먹고 유럽 여행을 2주간 다녀왔는데 회사가 더 잘 돌아가더라는 것이다. 자기가 회사를 비운 사이에 매출이 오히려 더 커지고 회사원들은 더욱 열심히 일해 평소보다 더 좋은 실적을 보였다는 것이다. 이 사장님은 자기의 지나친 간섭이 오히려 회사의 활력을 떨어뜨리고 매출도 악화시켰다는 것을 알고는 그 후부터는 자기의 권한을 대폭 줄여 부하 직원들에게 주고 자기는 큰 틀만 챙긴다고 한다.

권한이 주어지면 더 열심히 한다 사람은 권한을 주면 일을 하게 되어 있다. 부하 직원에게 권한은 주지 않고 의무만 강요하면 부하들은 요지부동이다. 월급 인상과 승진 중에 하나를 고르라면 사람들은 대부분 승진을 선택한다. 권한이 주어지면 사람들은 전보다 간섭을 받지 않고 스스로 기획하여 일을 추진하는 희열을 맛보기도 한다.

회사 사장님들이 강조하는 말 중에 가족이라는 말이 있다. 사원들에게 회사를 가족처럼 여기고 내 일이라 생각하여 열심히 일해 달라는 것이다. 그런데 정작 사장 자신은 사원들을 가족으로 여기지 않는 경우가 간혹 있다. 이런 경우 사원들은 열심히 일하지 않는다. 가족의 의무만 부여하고 가족의 권한을 주지 않으면 사원들은 가족처럼 자기 일로 여기고 일하지 않는다. 당연한 일이다.

만약 회사에서 일에 잘 적응하지 못하는 직원이 있다면 그 사정을 알아보라. 아마도 그 사원은 자신이 스스로 할 일과 권한을 부여받지 못하고 상사가 강제로 시킨 일만 하고 있을 것이다.

의무를 부과하려면 권한도 같이 넘겨주어라. 그러면 그 직원은 이 친구에게 이런 면이 있었나 싶게 신나서 일을 할 것이다. 진정한 리더는 부하에게 일을 할 동기를 부여해 줄 방법을 아는 사람이다. 그 가장 손쉬운 방법이 바로 부하에게 권한을 주는 것이다.

'자기 옳음의 덫'과 '항상 옳음의 덫' 인간은 '자기 옳음의 덫' 과 '항상 옳음의 덫' 에서 헤어나오지 못하고 살다가는 존재다. 자기의 인생관이 옳다고 믿고 남에게도 그 인생관을 전하는 것을 즐거움으로 삼는 게 '자기 옳음의 덫' 이다. 사람은 대부분이 옳고 그름의 가치 판단을 자기 기준으로 한다. 자신이 볼 때는 매우 선명한 옳고 그름의 기준이 있는데 남들은 그 기준을 모르거나 따르지 않는다고 생각한다. 자신의 권한을 좀처럼 넘겨주지 않으려는 이유도 바로 여기에 있다.

사람들이 쉽게 빠지는 덫은 이 뿐만이 아니다. 사람들은 이 세상이 언제나 옳게 가야 한다고 믿는다. 목표에 이르는 길은 직선이어야 한다고 믿는 것이다. 이게 '항상 옳음의 덫' 이다. 예를 들어 자기 아이들이 경우에 따라서는 음악을 들을 수도 있고 텔레비전을 시청할 수도 있는데, 부모들은 이것을 용납하지 않는다. 언제나 책상 앞에 앉아 책과 씨름을 해야만 안심을 한다.

그러나 먼 길을 가는 인생에서 공부해야 할 것들이 당장 시험에 나올 것들만은 아니다. 경우에 따라 아이들은 소설도 읽어야 하고, 영화도 보아야 하고, 친구와 만나기도 해야 하고, 운동도 해야 한다. 결국 인간은 직선으로만 가지 못한다. 가다 보면 직선도 있고, 곡선도 있고, 빙글빙글 돌기만 하는 원도 있다.

내가 권한을 부여하면 반드시 매출이 올라야 한다고 생각하는 사람은 '항상 옳음의 덫'에 빠져 있다. 현명한 사장이란 권한을 부여해 지금 당장 매출이 오르지 않더라도 때론 매출이 떨어지더라도 부하들을 믿고 그들에게 능력 발휘를 할 기회를 주어서 미래에 대비하는 법을 익히게 하는 사람이다.

중앙 정부는 훌륭한 리더가 되어야 한다   사람은 신이 나야 논다. 남이 시켜서는 신이 나지 않는다. 같은 사람이라도 신이 날 때는 따로 있다. 이럴 때는 자기 스스로 알아서 노래하고 춤추며 정말 신나게 논다.

하지만 노래를 시키거나 춤을 추라고 하면 금세 움츠려드는 것도 사람이다. 그래서 '하던 짓도 멍석 깔아주면 못 한다'라는 말이 있는 것이다. 자율과 강요는 천양지차(天壤之差)라고 해도 과언이 아니다.

훌륭한 리더는 부하에게 일일이 명령을 내리는 사람이 아니다. 부하들이 신이나 스스로 알아서 일을 처리하도록 만드는 게 위대한 지도자다.

나는 중앙 정부가 위대한 지도자가 되기를 바란다. 이제부터라도 지방 정부를 향해 명령하지 말아야 한다. 지방에도 권한을 주고 스스로 신이 나서 일하도록 환경을 조성해야 한다. 좀 부족한 면이 있어도 아낌없이 칭찬하라. 그들이 이 열악한 지방을 스스로 일구도록.

제2장

균형 발전을 위한 모색들

지방화를 통한 국가 발전에는 균형 발전이 선결 조건이다. 균형 발전을 위해서는 중앙의 집중된 자원을 지방에 적절히 분산해야 하고 자율적인 선택으로 특성화를 해야 한다. 이 두 가지 발전 전략을 뒷받침하기 위해서는 지방을 스스로 일구어나가는 혁신 역량 제고가 절실하다.

이 장에서는 균형 발전의 필요성, 혁신 역량 제고, 균형 발전 원리의 적용 등을 다루고 행정 도시 건설, 공공 기관 이전 등의 분산 정책도 다룬다.

1 균형 발전만이 살길이다

중앙 집중의 무거운 멍에　중앙 집중은 우리나라가 스스로 짊어진 무거운 멍에다. 때로는 정권의 편의성 때문에, 때로는 돈에 대한 환상 때문에, 우리는 스스로 중앙 집중에 매달렸다. 중앙 집중은 한때는 우리에게 풍요의 디딤돌이었으나 이로 인해 지역주의 정치라는 괴물이 자라났다. 이로 인해 민주주의가 죽고, 서울이 정체되고, 지방이 궤멸하고, 국민의 자립성이 사라졌다. 사람들이 그리도 갈망하는 민주주의와 효율성이 한꺼번에 위협을 받고 있는 것이다.

결국 민주주의와 효율성을 위해서도 지방 분권은 반드시 필요하다. 그러나 선결 조건으로 다음 두 가지가 요청되었다. 하나는 분배받은 권한과 예산을 스스로 최적으로 사용할 수 있도록 '자율과 자립의 능력을 제고하는 것'이며, 또 하나는 그 동안 중앙 집권 체제하에서 불

이익을 당해 열악한 상태에 처해 있는 지방의 '물적 토대를 튼튼히 하는 것' 이다.

지방의 자율과 자립 능력은 실제로 어떤 형편인가? 자립의 터전은 경제력에 있을 터이니 먼저 지역의 기업을 보자. 우리나라의 각 지역에 있는 기업들의 숫자가 우리를 먹여 살릴 만큼 충분한가? 그 기업들은 비전이 있는 분야에 투자하고 있는가? 그들은 지역의 미래를 책임져야 한다는 사회적 의식이 있는가? 이 질문들에 대해 긍정적인 답이 나올지 확신이 없다.

다음으로 지방 대학을 살펴보자. 자율과 자립의 시대에는 인재가 중요하기 때문이다. 그러나 현 상황을 보면 우울해진다. 지금 지방 대학은 심각하다. 입학률은 저조하고 교수들은 지역 문제에 무관심하다. 지금까지 중앙 집권 체제에 잘 길들여져 온 지방자치단체는 또 어떤가? 중앙 정부로부터 특단의 조치와 지원만 바라는 습관이 하루아침에 달라지지 않을 것이다. NGO나 지역 언론도 크게 벗어나지는 않을 것이다.

이제 지방의 물적 토대를 살펴보자. 한국 전쟁 전해인 1949년의 비수도권 인구 비중은 86%이었다. 2010년에는 51%이다. 비수도권 인구가 그간 35% 감소한 셈이다. 그러나 도시를 제외하고 농촌만 본다면 지방 인구 감소 실태는 더욱 심각하여 2009년 전남 신안군의 65세 이상의 노인 인구가 14세 이하의 소년 인구에 비하여 3배(193%)에 이른다. 이미 농촌의 인구는 소멸 상태로 들어서고 있다. 농촌 지역의 땅이 사라지고 있는 것이다. 지방의 경제력은 이미 자생력을 잃었다. 전남 신안군, 경북 봉화군의 재정 자립도는 각각 8.6%, 9.3%이다. 지방의 미래는 더욱 어둡다. 미래를 가늠해 볼 수 있는 연구 개발 투자가 강원도에 1.8%, 광주에 2.9%, 부산에 3.9%가 이루어지고 있다. 수도권에 62.7%가 집중되어 있어서 그렇다.

지방 대학은 지역 발전의 원동력이 되어야 함에도 불구하고 정원도 채우지 못하는 경우가 속출하여 초단기적 생존 방안에 골몰해야 하는 처지로 전락하고 말았다. 어찌 이뿐이랴! 지방의 문화는 그 초라함에 차마 쳐다볼 수도 없을 지경이다. 한국의 온갖 문화의 생산, 배포, 소비 등을 서울에서 독점하는 바람에 지방의 문화 예술 활동은 이미 황폐화된 지 오래다.

중앙 집중은 지방만 괴롭히는 게 아니다. 경북 봉화의 지가는 2003년 평당 4만 2천 원인데 서울 강남은 757만 원이다. 수도권의 토지 사용 비용이 이렇게 높은데 국제 경쟁력이 있을 리 만무하다. 뿐만 아니라 수도권의 교통 혼잡이 심화되어 통행 속도가 줄고 물류비가 증가하며 환경 오염이 심화되고 있다. 급기야는 미세 먼지로 인한 사망자 수가 오스트리아의 2배, 스위스의 3배에 이른다. 이런 상태에서 외국 기업들이 한국에 오려고 하겠는가?

나 어떡해만 외쳐대고 있을 수는 없다 이런 상황에서 국가의 정상적인 발전을 기대한다는 것은 나무에서 물고기를 찾는 격이다.

나는 이 어려움들을 우리 민족 모두가 함께 해결해야 할 민족적 질곡으로 표현하고 싶다. 동시에 이 민족적 질곡이, 중앙 집중이 우리에게 주는 작은 이익에 눈이 멀어, 스스로 자초한 일이라는 사실도 강조하고 싶다. 그러니 작은 이익에 눈이 멀어 우리의 안위를 위해서라면 나라의 장래조차도 아랑곳하지 않던 지난날의 행동을 참회해야 한다. 우리들의 파렴치한 행동이 만들어놓은 결과가 바로 중앙 집권, 지역 감정 그리고 국토의 불균형 발전으로 대표되는 민족적 질곡인 것이다.

지방화를 통한 국가 균형 발전은 이 어려움을 극복할 거의 유일한 희망이다. 그 동안 지식인 집단과 시민 사회 단체가 국가 균형 발전을 위한 지방화를 강력히 촉구해 온 것은 이런 사정을 깊이 인식했기 때문이다.

선진국들의 경험으로 비추어볼 때 지방화를 통한 국가 균형 발전 전략은 성공적이었다. 지방 분권은 국가 예산 낭비를 현저히 줄여주었다. 중앙 집권 체제에서는 지방끼리의 경쟁으로 예산이 낭비될 가능성이 많지만 철저한 지방 분권 체제에서는 지역에 꼭 필요한 사업 위주로 수행되므로 예산 낭비를 막을 수 있다. 지방 분권으로 인해 지역에 꼭 필요한 사회 간접 자본 증가가 활발하였고 지방 경제가 활력을 가지게 된 것이다. 더욱이 지역 경제의 활성화로 지방의 소득이 증가하면서 지방민들의 활발한 경제 활동으로 국가 전체의 경제도 활성화된다는 점을 우리는 주목해야 한다.

지역 차별 철폐할 경쟁 철학 수립해야 아무튼 제일 먼저 필요한 것은 지방 분권을 통한 균형 발전 전략이다. 그렇게 되면 앞으로 지방은 자기 지역이 가장 잘할 수 있는 분야를 선택해 중앙 정부와 협조하여 집중 투자하면 되는 것이다.

경쟁의 차원도 변해야 한다. 어떤 사업을 놓고 지역간에 서로 유치하려는 경쟁에서부터 지역 내에서 할 수 있는 여러 가지 사업 중에서 하나를 선택하려는 경쟁으로 탈바꿈해야 한다. 그런 차원에서는 특정 지역을 차별하거나 우대한다는 시각이 원천적으로 불가능하다.

소비자의 취향이 다양해지고 유행이 시시각각 변하고 있다. 이런 시대에는 여러 가지 제품을 조금씩 만들어 파는 것이 유리하다. 공장의 규모는 급격하게 작아진다. 규모가 작아진 공장은 굳이 땅값 비싼 서울에 있을 필요가 없다. 완벽하게 갖춰진 정보 네트워크 덕분에 지방이 공장 부지로 손색이 없다. 결국엔 지방이 새로운 산업 부지로 떠오른다.

나는 각 지역마다 농업과 지역 특성 산업이 조화를 이루고, 멋진 주택과 작은 공장과 연구 시설 등이 각종 공공 시설과 함께 어우러진 아름다운 삶의 터전이 되기를 소망한다.

지방 분산에 희망을 걸고 나의 이러한 소망의 실천은 행정 도시의 건설, 공공 기관과 기업의 지방 이전에서 시작된다. 그것이 국토의 고른 활용과 발전의 씨앗이라고 믿기 때문이다. 현 정부의 계획을 보면 상당수의 중앙 부처가 행정 도시로 이전하고 각종 공공 기관이 그 특성에 따라 각 지방으로 분산 배치될 것으로 보인다. 하지만 좀더 강력한 형태의 후속 조치들이 준비되어야 한다.

그러나 이런 정책으로도 어쩔 수 없는 낙후한 지역에 대해서는 특별한 대책이 필요하다. 국민에게는 자신이 사는 지역에서 최소한 생활 수준을 영위할 수 있는 권리가 있기에 그렇다. 낙후 지역이란 수도권이라 하여 배제될 수 없다. 수도권 지역 내의 낙후 지역도 배려해야 한다.

우리나라에는 기존의 다양한 균형 발전 정책이 있다. 그렇지만 이 정책들을 총괄할 체계적인 법과 제도적인 기반이 부족하여 대내외 여건이 변동할 때마다 정책이 요동을 쳐왔다. 그리고 그 결과로 남은 것은 피폐한 지방과 비만증에 걸린 수도권이다. 그러므로 국가의 균형 발전 계획은 일관되게 그리고 지속적으로 추진되어야 한다.

이제 우리에게 남겨진 과제는 이상의 균형 발전 계획을 담고 있는 국가균형발전특별법을 잘 활용하여 중앙과 지방으로 양분되어버린 이 비극적 현실을 타개해야 한다. 이 법은 전문가 집단과 시민 사회가 오랫동안 심사숙고하여 만들고 가다듬어 이미 우리 사회의 동의를 얻고 있다.

나는 이 법의 원활한 활용에 우리 민족의 명운이 걸려 있다고 생각한다. 국가 균형 발전은 국민 모두가 하나같이 염원하던 것이다. 어찌 이 염원을, 오해로 인한 그릇된 견해로 좌초되게 할 것인가! 우리 모두 역사와 민족 앞에 보다 순수해지고 슬기로워지기를 절실하게 빈다.

<h2>2 경쟁력 향상에 균형 발전은 필수</h2>

우리는 서울 중심이라는 최면에 걸려 있다 우리 민족은 참 오랜 세월 동안 서울이 최고라는 말을 들으며 살았다. 사람이 나면 서울로 보내라는 속담을 들으며 자랐고, 지방 말은 사투리이니 표준말을 써야 한다고 강요받으며 자랐고, 그 표준말을 서울의 중류 이상이 쓰는 말이라고 배우며 자랐다. 지역 방송에서도 자기 지역 사람들이 늘 사용하는 지방 말로 방송하지 않는다. 사람들은 최면에 걸려 자기가 살던 고향을 버리고 서울로 서울로 몰려들었다.

언제부터인지 우리들은 서울이 제일이라고 인식하는 사고의 틀, 즉 서울 중심 틀을 가지고 세상을 바라보게 되었다. 그 서울 중심 틀은 환각의 틀이다. 중생(衆生)들은 환각 때문에 세상을 있는 그대로 바라보지 못한다는데, 우리들은 서울 중심이라는 환각의 틀 때문에 서울을 제대로 바라보지 못한다. 사람들은 서로 보고 배우며 살아가는 법인데, 우리들은 서울로 향하는 사람들의 마음과 행동을 별 생각 없이 서로 보고 배우며 서울 최고의 나라를 만드는 데 동참해 왔다.

사람들은 그래서 서울 집착에서 벗어나지 못한다. 중앙의 과밀을 해소하고 지방의 낙후를 개선하기 위해 자원을 지방으로 분산하자고 하면 국가 경쟁력을 위해 자원을 수도권에 집중해야 한다는 주장들을 소리높이 외친다. 자원을 지방으로 분산함으로써 국가 경쟁력이 떨어지니, 국제 시장에서 승리하도록 경쟁력이 있는 수도권을 집중 지원해야 한다는 것이다.

최면에서 빠져나와야 한다　사람들은 모든 것이 서울에 있어야 당연하다고 생각한다. 기업도 서울에 있어야 생산성이 높아져 경쟁력이 높다고 생각한다. 그러나 그렇게 생산성을 따지려고 들면 차라리 도쿄나 뉴욕이 나을 텐데 왜 서울에 있나? 서울도 나름대로 경쟁력이 있기 때문에 수많은 기업들이 서울에 있지 않겠나.

도쿄나 뉴욕보다 서울이 나을 수 있다고 생각한다면, 서울보다 대구, 부산, 광주가 나을 수 있다고도 생각해야 옳다. 그런데 어찌된 일인지, 서울 중심 최면에 걸린 사람들은 그렇게 생각하지 않는다. 서울 과밀로 문제가 생기니 지방으로의 분산이 필요하다고 주장하면 표정이 달라진다. 서울에 있어야 생산성이 높은데 웬 지방이냐고 목소리를 높인다. 그 논리로 하자면 서울의 기관들에게도 빨리 서울을 떠나 뉴욕으로 파리로 가라고 소리치는 게 맞다.

서울은 서울의 장점이 있어서 그에 어울리는 것들이 서울에 남아 있다. 지방도 지방만의 장점이 있어서 그 장점에 맞는 것들은 지방에 있어야 한다. 그러나 우리들은 서울 중심이라는 환각의 틀로 모든 것을 판단하는 중병에 걸려 있다. 그러니 인위적인 지방 분산 작업이 필요하다. 물론 이에 대하여 언제까지, 어느 정도 분산을 실시할 것이며 그 판단의 기준은 무엇인지 등등 수많은 논쟁 거리가 있을 것이다. 하지만 우리나라가 직면하고 있는 중앙 집중의 폭력 앞에서 그런 시시비비는 말장난일 뿐이다.

경쟁의 방향과 효율 우리가 이런 혼란에 빠진 것은 경쟁에 대한 이해가 서로 일치하지 않기 때문이다. 대부분의 사람들은 경쟁의 목표, 경쟁의 방향을 남과 싸워 이기는 것으로 여긴다. 서울 중심의 환각에 빠진 사람들도 그렇다. 어떤 자원을 두고 이 자원을 어느 공간으로 배치해야 이 자원의 생산성이 극대화될 것인가를 고민한다. 서울이 가장 발전한 곳이니 서울에 두어야 생산성이 가장 높다고 생각한다.

이러한 발상법은 이미 리카도(D. Ricardo)의 비교 우위론에 의해 오래 전에 폐기되었다. 어느 지역이든 그 지역에서 할 수 있는 일은 여러 가지가 있다. 그 여러 가지 일 중 그 지역에서 가장 잘하는 일은 반드시 있다. 가장 잘하는 일을 그 지역에서 선택하면 된다는 것이 비교 우위론이다. 국가적으로 무역 자유화를 외칠 때는 비교 우위를 금과옥조처럼 받들면서도, 비교 우위론을 지방에 적용시키려 하면 펄쩍 뛰거나 아예 인식도 하지 못한다.

지역마다 가장 잘하는 분야는 반드시 있다. 그러므로 각 지역은 자신이 가장 잘하는 그 분야를 가지고 살아가면 된다. 다만 그 분야가 다른 모든 지역에서도 잘하는 일이면 그 분야 중에서 세분하여 자신이 잘하는 것을 찾아 나서면 된다. 정부는 각 지역이 그 일을 가지고 살아갈 수 있도록 제도도 개선해 주고, 필요하다면 자원 이전도 하자는 것이 지방화 사업이다. 서울은 서울대로 지방은 지방대로 특색을 살려서 경쟁의 시대에 대비하자는 것이다. 『블루 오션 전략』이라는 책에서는 처음부터 끝까지 이 주장만 하고 있다. 그런데 왜 블루 오션에는 열광하면서, 특색 있는 지방화에는 열광하지 않는가?

서울 중심으로 세상을 바라보는 사람들은 국제 수준의 경쟁력 확보가 걱정인 모양이다. 물론 경쟁력은 매우 중요하다. 다만 경쟁의 주체에 지방도 포함시켜야 한다. 지금은 국가 경쟁력보다는 국제 경쟁력의 시대다. 그리고 국제 경쟁력의 단위는 지역, 기업이 되어야 한다. 왜냐 하면 이제는 국가간 경쟁이 아니라 우리의 지역과 기업이 세계와 경쟁하는 시대이기 때문이다.

더구나 국제 경쟁력의 필요성이 강할수록 지방의 개성이 요구된다. 그러므로 지역의 경쟁력은 개성에 따라 가장 적합한 산업을 찾고 지원하는 데서 얻어진다. 이제 지방과 세계는 서울을 통하지 않고 직접 교통하며 서로의 경쟁력을 높이는 시대다. 중앙으로부터의 분산과 지방의 개성이 합해 세계로 나가도록 하는 토대를 국가가 만들어주어야 한다.

경쟁의 방향이 잘 잡히면 효율 역시 증가한다. 지방에 자원을 이전시키면 자원의 경쟁력을 향상시키기 때문이다. 수도권은 이미 과밀하니, 지방의 토지로 눈을 돌려야 한다. 현재의 지방 여건으로는 지방으로 이전해 온 자원들이 생산성을 올리기가 어렵다. 그렇다면 지방에서 기업 경영을 편리하게 할 수 있도록 지방의 여건을 개선시켜주면 효율을 높일 수 있다.

경쟁의 방향을 바로 잡지 않고 효율 향상만을 추구한다면 우리의 소망은 물거품이 된다. 그러므로 경쟁의 방향을 올바르게 잡아 세계 어느 곳에도 없는 분야를 찾고 그때부터 많은 사람들이 생각해 온 효율성 증대를 위해 노력해야 한다. 세계 최고의 품질로 소비자의 취향 변화에 발 빠르게 대응하는 것, 바로 이것이 경쟁력 강화다.

3 지역 혁신은 지방을 살린다

반복되는 양파 갈아엎기　우리는 거의 해마다 매스컴을 통해 양파를 갈아엎는 농부의 모습을 볼 수 있다. 한 해 동안 온 정성과 고된 일손을 들여 가꾼 양파가 가격 폭락으로 인해 쓰레기 취급을 받는 고달픈 현실에 대한 분노의 표출을 우리는 보는 것이다. 어디 양파뿐인가? 배추와 무 등 농산물을 갈아엎는 광경은 이제 낯설지가 않다. 농산물 가격은 가격이 폭락한 다음에는 재배가 줄어 가격이 오르고, 가격이 폭등한 다음에는 재배가 급증하여 가격이 폭락하는 널뛰기를 해마다 하고 있다.

전에는 이런 모습이 참으로 의아했다. 왜 대비하지 않을까? 가격이 폭등한 후에는 재배 면적이 급증하지 않도록 조절하고, 가격이 폭락한 후에는 급감하지 않도록 조절하면 되는 것을 왜 그렇게 못할까? 지방

농민들이 양파 가격이 폭락하자 밭을 갈아엎고 있다.

정부가 손을 놓고 있는 걸까?*

그러나 이 문제는 지방 정부가 나선다고 해결될 일이 아니라는 데 생각이 미쳤다. 생각해 보라. 군청에서 올해는 양파 재배량이 너무 늘 것 같으니 집집마다 양파 재배를 10%만큼 줄이라고 하면, 어느 농가가 그 말을 듣겠는가. OPEC처럼 강력한 기구도 산유국들이 이익 때문에 몰래몰래 증산을 해버리는 바람에 석유 생산 조절 실패를 밥 먹듯 한다. OPEC 회원국 수는 11개 나라밖에 안 되는데도 이를 통제하기가

* 연평균 양파 가격 추이만을 보아도 대략적으로 이 경향을 알 수 있다. 2000년에 kg당 572원이던 가격이 2002년에는 402원까지 하락했다. 2003년에는 921원으로 폭등하고 이의 반동으로 2004년에는 637원으로 하락했고 2005년에도 하락세가 이어지고 있다. 물론 양파 가격은 연중에도 kg당 1000원 이상의 변동이 나기 때문에 연중 평균 가격의 변동으로 그 의미를 찾기는 어렵다. 하지만 대략적인 평균 가격 추세만을 보아도 폭등 후 2~3년간 조정하는 형태의 널뛰기가 감지되는데, 조금만 더 상세히 분석하여 패턴을 알아내면 농산물 가격 폭등에 대비할 수 있을 것이다.

힘든데, 하물며 수천 농가를 군청 인력이 통제할 수 있겠는가? 더구나
이미 밭에 심어버린 양파를 군청의 지시로 줄이기란 불가능하다. 아마
조사를 하겠다고 나온 군청 직원들은 밭에 들어가지도 못하고 쫓겨날
것이다.

이젠 농민 스스로 나서야 한다 우리는 이미 다른 나라에서 생산
되는 농산물을 먹은 지 오래 되었다. 이제는 농민들 스스로 힘을 길러
야 한다. 농민들 스스로 공동체를 만들어 생산을 줄이거나 늘리는 일
을 수행하면 조절이 가능할 것이다. 농민들이 스스로 공동체를 만들고
공동체에서 내린 결정이라면 농민들에게 강력한 구속력을 가질 수 있
다. 뿐만 아니라 그 결정을 집행하기도 쉽다. 농민들 스스로가 서로 감
시자가 되기 때문이다. 공동체의 결의대로 자기 밭의 양파는 10% 뽑
아냈는데 옆집에서는 실행하지 않으면 주변 사람들이 가만히 있지 않
을 것이니 감시 체제도 완벽하다. 그러니 효과가 만점이다. 군청 직원
몇이서 감시해야 하는 경우와는 상황이 전혀 다르다.

농업 경제 관련 교수들은 올해 지역 양파의 수요를 예측한 다음 양
파 가격 유지를 위해서는 어느 정도 면적에 양파를 파종해야 하는가를
알려주고 토양 관련 교수나 관련 전문가들은 농가가 보유한 밭의 토질
이 양파 생산에 적합한가를 알려주고 공동체는 그 의견을 받아 양파
생산 허용 여부를 결정하고 농가는 이에 따르고… 불가능할 것 같은
가? 충분히 가능한 일이다.

이때 지역 언론들은 공동체의 각종 결정 내용을 신속하게 농민들

에게 알리고 농민들의 행동 통일을 격려해야 한다. 그리고 양파와 관련된 각종 정보를 신속하게 보도하고, 농민들에게 필요한 내용을 심층 취재하여 보도하며, 농민들의 목소리도 전달하면 그 효과는 배가 될 것이다.

군청은 이런 일련의 일들이 원활하게 이루어지도록 협조해야 한다. 예를 들어 군 직원을 이런 공동체 논의 때에 참석시켜 군 정책과 상호 교류가 가능하게 하고, 공동체에 필요한 것이 뭔지를 파악해 물심양면으로 돕는다면 더욱 좋을 것이다.

이렇게 하는데 농민들이 양파를 갈아엎는 일이 발생하겠는가?

사라진 공동체　　내가 어린 시절에는 마을 공동체 안에서 마을 사람들끼리 서로 돕는 일은 아주 당연한 일이었다. 심지어 사법, 치안 문제까지도 공동체 안에서 협의하여 처리하였다. 홍수가 나 마을의 논밭이 무너지면 각자의 전문 역량에 따라 마을 지도자를 중심으로 사태를 수습했다. 힘이 센 장정은 힘이 드는 흙을 파고 운반하는 일을 맡고, 힘이 약하나 지혜와 경험이 많은 노인들은 호스의 방향을 고민하고, 아주머니들은 새참을 준비했다. 또 마을에 불미스런 일이 발생하면 마을 지도자들이 마을 사람들과 협의하여 준엄한 법의 심판을 내리기도 하였다.

이처럼 개인이 제일 잘할 수 있는 것을 가지고 공동체 사회에 참여해 사회의 안녕과 발전을 추구하는 것이 진정한 지역 혁신의 자세라고 생각한다.

그러나 이런 공동체는 이제 우리 사회에서 거의 사라졌다. 공동체를 구성하는 집단들 각자가 제각각 논다. 기업은 기업대로, 대학은 대학대로, 연구 기관은 연구 기관대로, 주민은 주민대로, 언론은 언론대로, 관청은 관청대로 각자 자신의 입지만을 생각하고 행동하고 있다.

실제로 지방화에 대한 논의가 본격 궤도에 오르자 과연 지금의 지방이 권한을 받을 준비가 되어 있느냐는 걱정이 있었다. 단체장을 포함한 공무원, 지역에 지식을 공급할 지방 대학 교수, 지역의 주민 그리고 지역의 경제를 책임질 기업들이 지방 분권 시대에 제 역할을 해줄까에 대한 우려였다. 이때 나는 "자전거를 배우려면 상처가 생기는 것은 당연한 것 아니냐, 구더기 무서워 장 담그지 말라는 말이냐? 염려되는 바는 있지만 그래도 지방화는 시급하다"라고 말했다. 걱정은 태산 같았지만 말이다.

모이자, 모여서 얘기하자 지방화 시대는 열리고 있는데 자신의 역할을 다하려는 주체들이 너무 약하다. 그럼 무엇을 어떻게 해야 할까? 지역 혁신에 대한 우리 사회의 문제 의식은 여기서부터 출발했다. 각 분야의 사람들이 지방 분권을 감당할 만큼 그 역량을 키워야 한다. 단체장, 공무원, 교수, 주민, 기업 등등 모두가 탈바꿈해야 한다. 어떻게 변해야 할까?

지방 분권 시대는 자율의 시대이고, 자율의 시대에는 아이디어와 지식 그리고 기술 등이 자원이다. 그렇다면 제일 중요한 것은 역시 인재들이다. 그러나 현재의 인재 등용 시스템에서는 지역에 인재가 있을 수가 없다. 그렇다면 지방 대학을 활성화해서 인재를 육성하는 문제도 시급하다. 한편 지방 활성화에 가장 직접적이고 빠르게 영향을 주는 그룹은 기업들이다. 지방 대학과 지역 기업 간의 긴밀한 협력에 관심을 가져야 하는 이유가 바로 여기에 있다.

그 결과 지방 대학 활성화 방안이 제기되었고 그 방안의 핵심은 지방 대학의 교수들을 지역에 관심을 가지도록 유도하는 것이었다. 지방 대학 육성계획(NURI, New University for Regional Innovation)은 그래서 태동하였다. 이 사업은 영문 명칭에 드러난 것처럼 지역 혁신을 위해 지방 대학을 새롭게 바꾸어보자는 것이 그 취지다.

각 대학에서 이 사업에 선정된 학과는 앞으로 자기 지역의 해당 전략 산업에 필요한 인력을 충분히 교육시키고 훈련시켜서 자기 지역 전략 사업의 앞날을 책임져야 한다. 그냥 돈이나 받아내는 사업이 아니다. 만일 지방 대학들이 이 사업의 배경을 명확히 인식했다면 그렇게 섣불리 이 사업에 응모하지 못했을 것이다. 그러나 수많은 대학들이 사활을 걸고 이 사업에 응모했고 선정된 대학들은 자축하며 거리거리에 플래카드를 내걸었다. 자기 지역에 대한 책임 의식을 진정으로 느낀다면 그렇게 흥분하여 자축할 일은 아닌 것 같은데 말이다.*

이 외에도 지방 대학과 산업체를 연결하는 사업들이 활발하게 만들어지고 있고 지역의 비전을 제시할 지역언론육성법도 만들어지는 등 지역 활성화를 위한 프로그램이 자리를 잡아가고 있는 중이다. 이

---

* 대학들이 생각하기에 이 프로그램은 NURI(New University for Regional Innovation)가 아니라 RINU(Regional Innovation for New University)인 것 같다.

때에도 잊어서는 안 되는 것이 있다. 그것은 바로 자신이 속한 지역의 활성화를 이루기 위함이라는 것이다.

그러나 당위성만을 주장하고 있기에는 지방의 형편이 너무 어려워 갈 길이 바쁘다. 그러니 지방을 구성하는 각 주체들은 어느 한 분야의 역할에만 의존하지 말고 함께 모여 지역의 비전과 대책을 수립해야 한다. 함께 머리를 맞대고 풀어야 할 문제가 발생하면 주민, 대학 교수, 언론, NGO, 기업 그리고 관련 기관이 각자의 역량에 의거하여 지혜를 모아야 한다. 그러면 우리가 짊어져야 할 짐들이 훨씬 가벼워지고 해결 방안 또한 지혜롭게 찾아질 것이다.

이와 같이 지역의 모든 주체가 모여 지역 혁신을 논하는 공동체를 만들자는 것이 최근 지역 혁신에 관한 논의의 요체이다.

지역 혁신의 조건들 지역 혁신은 '타율에서 자율'로, '자기 이익 챙기기에서 상호 협조하기'로의 패러다임 변화이다. 마음의 변화라고 해야 옳을지도 모른다.

단체장 자리를 자신의 이익을 챙기는 자리가 아니라 지역에 대한 자신의 희생의 자리로 인식할 때 단체장은 혁신한 것이다.

지역 혁신이라는 새로운 담론에 대하여 이번 기회에 용역이나 많이 따보자는 생각 대신 지역에 대한 봉사의 기회로 인식할 때 대학 교수는 혁신한 것이다.

지방 분권이 이루어지면 고양이에게 생선 맡기는 셈이 되지 않을까 염려하는 대신 생선 맡길 단체장을 제대로 뽑고 감시해야겠다고 다짐할 때 지역 주민은 혁신한 것이다.

지방 분권이 이루어지면 되면 우리에게 이득이 될까 손해가 될까를 따지기 전에 이제 우리가 지역의 경제를 책임져야 한다는 의식이 절로 들 때 기업가는 혁신한 것이다.

지역 혁신 체제에서 내가 얻을 권한은 무엇인가를 계산하기 전에 지역 혁신의 무게에 전율할 때 NGO는 혁신한 것이다.

4 무소의 뿔처럼 혼자서 가라

'형님 먼저 아우 먼저'는 없다 지방화 사업은 정말 어렵다. 지방으로의 분산은 서울이 눈을 부릅뜨고 쳐다보고 있고, 지방끼리는 행여 다른 지역에 더 좋은 것이 가지는 않는지 신경을 곤두세우고 감시하고 있다. '형님 먼저 아우 먼저'는 이제 옛날이야기다.

1930년대 후반 뉴딜주의자들의 생각은 당시 미국 북동부에 집중된 산업과 인구를 서부, 남부에 분산하는 것이었다. 당시 미국은 1차 산업혁명으로 북동부에 부(富)가 집중되어 있었다. 당시 부를 독점한 소수 엘리트들은 자신들이 소유한 부가 생산적으로 쓰이는 데에는 관심이 없고 오로지 투기에만 몰두하였다. 그런 투기가 만든 거품이 1929년에 붕괴하고 1930년대 말 당시 뉴딜주의자들은 산업 자본주의의 붕괴를 염려한다. 북동부의 부의 집중을 그대로 방치하면 산업이 붕괴하고 그렇게 되면 민주주의의 주춧돌이 없어질까 우려하여 북동부에 집중된 산업과 인구를 분산하려고 한 것이다.

뉴딜주의자들은 농촌 지역이 농업에 제조업을 함께 갖추고 있어야 한다고 보았다. 이를 위해 북동부의 자원을 다른 지방으로 이전하면 북동부에 남은 사람들도 임금이 오르는 등 더 좋아질 것으로 생각했다. 뉴딜 정책의 내용은 사실상 분산 정책이다. 각 지방을 잘 구획한 다음 공공 사업을 융통성 있게 결합한 것이다. 현재 일부 학자들이 우리나라의 균형 발전 정책을 비난하고 있지만 분산 정책은 원래 이런 역사를 가지고 있다.

내가 뉴딜 정책에서 찾아낸 것은 당시 서부와 남부가 보여준 협력 정신이다. 텍사스, 캘리포니아, 오리건 등의 서부의 주(州)들은 남부 주(州)들과 협력하고, '이번에는 당신 차례지만 다음에는 내 차례' 라는 데 합의하고 손을 굳게 잡았다.

끝없이 질시하고, 시기하며, 폄하하고, 내가 차지하지 않으면 차라리 모든 것을 없애버리고 말겠다는 자세로 결사 투쟁의 장에 나서는 우리의 모습과는 사뭇 다르다. 이 대목에서 나는 우리 시대의 진정한 지도자가 그리워진다. 내가 생각하는 진정한 지도자란 대중의 이목과는 상관없이 옳은 길을 가는 사람이다. 하지만 이 시대에 대중과 영합하지 않은 사람이 누가 있겠는가 말이다.

지역을 위해 반드시 필요한 일이라면 자기 기관의 일시적 이익을 위하여 지역을 배반하지 않고, 국가를 위하여 반드시 필요한 일이라면 자기 지역의 일시적 이익을 위하여 국가를 버리지 않는 그런 사람을 만나고 싶다. 그런 사람, 그런 지도자를 보고 싶다.

다른 사람은 나에게 지옥인가? 무소의 뿔처럼 혼자서 가라

최준식이 쓴 『종교를 넘어선 종교』(사계절, 2004)를 읽는데, '남이 지옥이다' 라는 표현에 눈이 멎었다. 사람들이 다른 사람을 질투하느라고 지옥 같은 상태에 빠지는 이유를 밝혀 놓았나 싶었는데 이 말에 대한 설명이 없다. 그래서 스텀프와 피저(S. E. Stumpf and J. Fieser)의 『소크라테스에서 포스트모더니즘까지(이광래 옮김)』(열린책들, 2004)를 읽으면서 다른 책들도 더 읽어 보니, 이는 사르트르(J. Sartre)의 이야기로 다른 사람이 쳐다보면 불안해진다는 것이다. 다시 말해 남을 의식하면 '나 고유의 자유로운 본래 인간' 에서 '내가 아닌 돌멩이 같은 물체' 로 변해버려 불안해진다는 뉘앙스다.*

이렇게 이해하고 보니 이 말은, 내가 알고 싶은, 사람들이 다른 사람에게 대해 갖는 질투심이나 시기심을 설명해 주지는 않는다. 굳이 설명을 하자면 서울이 지방을 의식하고 지방이 다른 지방을 의식하면 '자유로운 본래의 지역' 에서 '돌멩이처럼 냉혈한 존재' 가 되어 지방끼리 서로 으르렁거리는 것은 아닐까?

그런데 내가 다른 사람을 의식하다가 지옥을 맛보았다고 해서, 그 이유가 반드시 다른 사람에게 있는 것일까? 그 의식은 내 안에서 생겨났는데 말이다. 남이 나의 지옥인 것 같지만 결국은 내가 나의 지옥이

---

* 원래 이렇게 쓰여 있지는 않았다. 즉자 존재니, 대자 존재니 하는 잘 알아들을 수 없는 말로 쓰여 있어서 고민 끝에 이렇게 해석을 한 것이다.

다. 그러니 세상 사람들이여, 서울 사람들이여, 지방 사람들이여 남이야 무엇을 하든 신경 쓰지 말고 시기 질투하여 모진 마음먹지 말고 내 안의 일들을 잘 살피고 잘 가꾸며 살자.

기왕에 사르트르를 들먹였으니, 그의 유명한 말인 "인간은 세상에 던져진 존재다"라는 말로 마무리를 하겠다. 그렇다. 우리는 단지 세상에 던져진 존재다. 그러니 우리의 모습은 우리가 만들어가야 한다. 남이야 무엇을 하든 상관하지 말고 무소의 뿔처럼 혼자서 가야 한다.

5 # 꿈나무는 없었다

승자 독식의 사회는 허구다　사람들은 1등만을 바라본다. 1등을 하기 위해 노력하고 1등만을 최고라고 한다. 인간의 본성이 그렇기도 하지만, 통신 기술을 비롯한 각종 기술의 발달로 인해 1등만이 각광을 받는 현상도 사람들로 하여금 1등 지상주의에 더욱 몰입하게 하였다.

옛날 우리 선조들이 면 단위, 군 단위 안에서 생활할 때에는 시골 장터를 가면 구수한 이야기꾼, 노래 잘하는 사람, 동네 씨름판에서 황소를 거머쥐는 씨름꾼 등이 있었고 이들 때문에 장터는 신이 나고 즐거운 곳이었다.

그러나 오늘날에는 인기 작가의 작품만 읽고, 인기 연예인만 관심을 끌며, 거장들의 연주만이 세인의 인기를 끈다. 동네 재주꾼들은 이제 시들하고 오로지 스타만 반짝인다.

이런 추세를 간파한 사람들은 각 분야에서 오로지 1등만을 하려고 온갖 노력을 다한다. 같은 분야 중에서도 승리를 거머쥐면 몫이 큰 곳, 이를 테면 스포츠 분야 특히 골프 등에 많은 사람들이 몰려 경쟁을 벌인다. 만일 이들이 이곳 대신 다른 곳으로 간다면 사회 전체의 이득은 더 올라갈 텐데 사회 전체적으로는 손해다. 이런 것은 1등 지상주의 폐해 중 하나다.

이런 사회를 '승자 독식의 사회'라고 부른다. 그런데 과연 오늘날의 사회를 승자 독식의 사회로 파악한 문제 의식은 올바른가? 나는 그렇지 않다고 생각한다. 1등만이 살아남는다고 보지 않기 때문이다. 그런데 왜 사람들은 1등만이 살아남는다고 보는 것일까? 많은 것을 가진 자만을, 1등만을 살아남은 자로 보기 때문이다. 가요제에서 1위를 하는 가수만 살아남은 가수로 인정하고, 이름 없는 모창 가수는 살아남은 가수로 인정하지 않기 때문이다. 돈을 많이 버는 가수만 가수이고 돈을 적게 버는 가수는 가수로 인정하지 않기 때문이다. 하지만 나는 동네의 언더그라운드 가수도 당당하고 멋진 가수라고 생각한다.

낭비의 홍수에 빠진 승자 독식 사회 만일 사람들이 우리 사회를 1등만이 살아남는 승자 독식의 사회라 하면서 모두가 1등만을 지향한다면, 세상은 파국으로 치달을 것이다. 비극적이게도 세상 사람들은 사회를 승자 독식의 사회로 규정하고 사회를 경쟁의 도가니로 만들고 있다. 이제 현대 사회는 경쟁으로 인한 낭비의 홍수에 빠져버렸다. 승자가 되면 얻는 것이 많으므로 승자가 되기 위한 낭비를 서슴없이 한다. 그 대표적인 것이 홍보비의 낭비이다. 연예인들은 자신을 홍보하고 기업은 상품을 홍보하느라 수많은 돈이 들어간다. 심지어 교육 부문에도 홍보비가 들어간다. 이러한 경쟁은 군비 경쟁과 같은 것이다.

경제 이론 중 '올가미 게임'은 승리를 위한 소모성 경쟁의 터무니없음을 잘 보여준다. 개요는 대략 이렇다. 100만 원짜리 금괴를 경매한다고 하자. 마지막에 낙찰이 이루어지면 승자와 패자 모두 자신이 제시한 가격을 지불해야 한다. 입찰 금액은 1,000원씩 올린다. 그러니 A가 지금 100만 원을 부른다면, 앞에서 B는 99만 9천 원을 불러놓았을 것이다. 이대로 끝나면 B는 금괴를 받지도 못하고 99만 9천 원만 손해를 본다. B가 그 손해를 면하는 방법은 100만 1천 원을 부르는 것이다. 다음번에 A가 포기하여 게임이 끝나더라도 B는 1,000원만 손해를 보면 되니까. 그런데 이제는 A가 그대로 있으면 100만 원의 손실이 있으므로 100만 2천 원을 부른다. 같은 논리로 B가 100만 3천 원을 부른다. 경쟁 비용은 점점 상승하고 경쟁은 계속된다. 경쟁의 낭비다.

콘(A. Kohn)이 『경쟁을 넘어서(성재상 역)』(비봉출판사, 1995)에서 지적하였듯이 경쟁이란 제로섬 게임이다. 이기기 위해서 다른 사람을 패배시켜야만 하는 비생산적인 것이다. 그래서 경쟁의 결과는 패자에게는 물론이며 승자에게도 해로운 것이며 심지어 건전한 경쟁이라는 것도 경쟁의 본질상 있을 수 없다.

꿈나무 선발 대회는 이제 그만하자 우리는 하루빨리 1등 지상주의에서 빠져나와야 한다. 1등 중심의 허구가 아주 잘 드러나는 것 중 하나가 바로 꿈나무 선발 대회다. 꿈나무 선발 대회란 어떤 일을 두고 누가 제일 잘하나를 미리 가려내어 집중적으로 육성하자는 것이다. 앞에서 설명한 내 안의 것들 중 1등을 찾는 비교 우위 사상이 아닌, 남과 비교하여 누가 1등인가를 찾는 절대 우위적 사상이다. 1등이 아닌 사람은 일찌감치 솎아내어 자원 낭비를 막자는 것이다. 딱 졸업 시킬 사람만을 선발하는 우리나라의 대학 입시도 이것을 그대로 실천하는 곳이다.

그러나 '어느 구름에 비가 들어 있는지 모른다'는 말을 되새겨보자. 하늘로 올라간 수증기들은 각자의 특성에 따라 주변 수증기들과 협력하여 나름대로 최선을 다해 구름을 만든다. 그 구름 중 어느 구름에서 비가 내릴지는 우리가 짐작만 할 뿐 정확히는 알 수 없다. 그럼에도 우리는 이 구름은 비올 구름이니 육성하고, 저 구름은 비 안 올 구름이니 버리자고 자신 있게 말한다.

선택과 집중에서는 내 안에서의 1등이 중요하지, 남들과 견준 1등이 중요하지 않다. 예를 들면 골프 선수 박세리는 결코 꿈나무 출신이 아니다. 박 선수는 중학교 때 꿈나무를 선발한다고 벌인 대회에서 1등으로 선발되어 집중 육성된 선수가 아니라는 것이다. 박 선수는 자신이 할 수 있는 일 중에서 가장 잘하는 골프를 선택했을 뿐이다. 자신이 할 수 있는 일 중에서 골프를 가장 잘하는 사람, 자기 안의 일 중에서 골프가 1등인 사람은 박 선수 외에도 수없이 많다. 그 수없이 많은 사람들이 어떻게 동시에 모두 1등을 할 수 있는가? 1등에서 꼴찌까지 골고루 있을 수밖에 없다. 다만 박 선수는 그런 사람 중에서도 피나는 노력으로 전력 질주하여 남과의 경생에서 1등을 하였을 뿐이나. 나머지 사람들은 2등에서부터 자기 자리를 차지하면 되고 또 그에 합당한 대우를 받으면 된다. 모두가 골프에서 1등을 하는 것은 불가능한 일이다. 그런데 사람들은 남과의 경쟁에서 1등만을 바란다. 1등이 아니면 탈락시키고 2등이 갖는 가능성을 아예 말살하는 것이다.

또한 경쟁은 한 번으로 끝나지 않고 영원히 계속된다. 이번에 1등이 다음에 꼴찌가 되기도 하고 이번 꼴찌가 다음에 1등이 되기도 한다. 그 경쟁에서 자기가 차지한 위치에 순응하고 다음을 위해 노력하면 그만이다. 그런데 왜 모든 게임에서 1등을 해야 한다고 생각하는가?

만일 중학교 학생들을 대상으로 골프 꿈나무 한 사람만 뽑았다면, 박세리 선수는 선발되지 않았을 수도 있다. 설령 선발되었다 하더라도 다른 경쟁자 없는 꿈나무 박세리 혼자서 훌륭한 선수가 되어 세계 1등을 하기는 힘들다. 그러나 다행히 꿈나무 선발 대회가 없었기에, 자기 안에서 골프가 1등인 수많은 사람들이 골프 선수의 기회를 박탈당하지 않고 선수로 활약하여 그 중에서 박세리 선수 같은 세계적인 골퍼가 나온 것이다. 보라! 지금 얼마나 많은 한국 낭자들이 세계 골프 대회를 석권하는가를. 이 결과는 천만 다행히도 골프계에 선택과 집중 원리가 올바르게 적용되었기 때문이다.

그러니 우리나라 곳곳에서 벌어지는 꿈나무 선발 대회 같은 시스템은 당장 없애야 한다. 우리나라의 중앙 집중 시스템과 꿈나무 선발 시스템은 똑같은 것이라고 생각하기 때문이다.

6 약장수는 약을 팔아야 한다

북만 치는 약장수와 주목만 외치는 선생님　무대는 시골 장터다. 약장수들이 원숭이 한 마리를 데려와 북을 치고 나발을 불면서 쇼를 하고 있다. 구경꾼이 모이고 약장수들은 신이 나 북을 치고 원숭이는 재주를 선보인다. 그러다가 약 보따리를 풀고 "이 약으로 말씀드릴 것 같으면"이 시작된다. 한 사람 두 사람 약을 사기 시작하고 그러다가 사는 사람이 뜸해지면 또다시 북을 치고 원숭이는 재주를 넘는다.

그런데 약장수가 약은 팔지 않고 북만 치고 원숭이 재주만 보여주고 있다면 모여든 사람들은 이렇게 수군거릴 것이다. "왜 약은 안 팔지? 거 참 이상한 약장수네"라고.

무대는 중학교 수학 수업 시간이다. 수업 중에 학생들이 떠들어 수업을 계속할 수가 없다. 선생님이 들고 있던 지휘봉으로 탁자를 치면서 '주목'을 외친다. 학생들은 깜짝 놀라 선생님을 주목하고 조용해진다. 그리고 선생님은 다시 수업을 시작한다.

그러나 선생님이 수업은 하지 않고 계속 '주목'만을 외친다면 학생들은 이렇게 수군거릴 것이다. "선생님은 왜 수업은 안 하시고 주목만 하라고 하시는 거야? 주목이 수학과 무슨 관련이 있다고."

선생님은 수업을, 약장수는 약을 팔아야 한다 선생님은 수업을 하려고 주목을 외쳤고, 약장수는 약을 팔려고 북을 쳤다. 지역의 '축제'는 선생님의 '주목' 소리와 약장수의 '북소리'다. 수업을 하지 않고 주목만 외치는 것이 이상하고, 약은 팔지 않고 북만 치는 것이 이상하듯이 지역이 축제만 하고 있는 것도 이상하다. 지역의 축제는 축제 그 자체가 목적이 아니다.

우리나라 각 지방에서는 지금 마치 축제 자체를 위한 축제를 벌이는 느낌을 준다. 축제에서 대상으로 삼은 아이템에 몰입해서 아예 그 아이템에 대해 공부를 하고 있다. 축제 아이템은 가지고 노는 것이지 공부하는 것이 아니다. 춘향 축제를 하려면 춘향이를 사람들에게 공부시키지 말고 신나게 놀게 해야 한다.

참가자들이 신나게 노는 사이에 이게 필요하지 않느냐고 무언가를 내밀어야 한다. 산 좋고 물 맑은 곳이라며 산 축제 물 축제를 열었으면 이런 곳에서 생산된 쌀이라며 살짝 보여주어야 한다. 좋은 산에 취하고 맑은 물에 취해 저절로 그곳에서 생산한 쌀을 사가게 만들라는 말이다.

옥상에 나무를 심은 뜻은 2005년 9월 하순에 나는 일본의 지역 혁신 성공 사례를 보기 위해 일본 연수를 다녀왔다. 직접 가서 살펴본 일본의 혁신 사례들은 앞에서 말한 '주목'과 '약장수' 모델과 일치하고 있어 흥미로웠다. 일정을 거의 마칠 무렵 후쿠오카에 들러 아크로스 후쿠오카 옥상 조경 현장을 보게 되었다. 도시의 녹지 확보를 위해 옥상에 나무를 심어야 한다고 늘 주장하던 터라 매우 반가운 현장이었다. 설명을 듣던 중에 나는 후쿠오카의 다른 건물의 옥상 조경 사례를 추가로 설명해 달라고 부탁했다.

그러나 후쿠오카 시(市)에서는 다른 건물 옥상 조경에는 투자를 하지 않았고 또 그럴 계획도 없는 듯이 보였다. 이상한 일이었다. 시청이 도시의 녹지 때문에 이런 일을 기획하였다면 다른 실적도 있어야 할 텐데 그렇지 않으니 말이다.

그럼 뭘까? 우리는 옥상 조경 현장을 마치고 건물 안으로 들어가 건물에 대한 설명을 듣는데, 이 건물 직원은 이때부터 신이 나서 열심히 이 건물의 용도를 설명하는 것이었다. 옥상 조경 때문에 방문한 건물에서 우리는 국제 회의장, 예술 공연장 등을 열심히 설명하는 직원을 장시간 따라다녀야 했다.

순간, 이들은 지금 건물 옥상 조경으로 사람들을 주목시킨 다음에 건물을 팔겠다는 것이로구나 하는 것에 생각이 미쳤다. 이 건물은 옥상을 층마다 만들고 거기에 나무를 심음으로써 밖에서 보면 건물이 나무가 있는 산으로 보이게 꾸몄다. 그게 사람들을 주목하게 하는 것이다. 그리고는 사람들이 이 건물에 주목하면 우리는 이 건물을 이렇게

쓰도록 만들었다. 여러분들도 이 건물을 이용하라. 바로 이런 뜻이 숨겨져 있었던 것이다.

환경 오염을 상품으로 판매하다　기타큐수 시(北九州市)의 에코 타운을 방문했을 때, 나는 또 한번 놀랐다. 이 지역은 제2차 세계 대전 후 발전한 곳인데 1960년대에는 심각한 대기 오염 지역으로 유명했다. 이곳은 일본 최초로 광화학 스모그 경보가 발령되었고 코쿠라 북구를 흐르는 무라사키 천(川)은 극심하게 오염되었으며 도카이 만(灣)은 죽음의 바다로 불리었다.

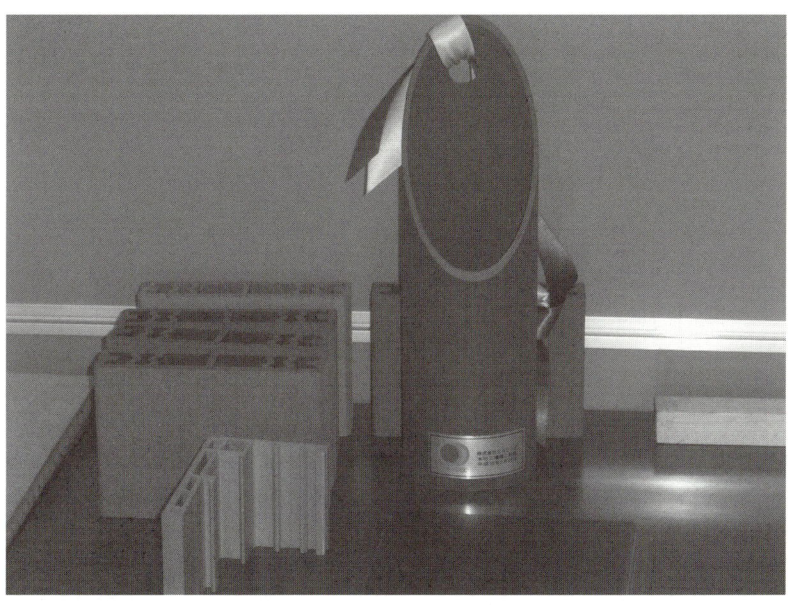

폐기물을 활용하여 만든 제품들

안내자의 설명은 그 극심한 오염을 극복해 지역을 살려냈다는 것이다. 그리고는 못쓰는 나무와 플라스틱을 합성하여 건축물 자재를 만들어내는 공장과 못쓰는 형광등을 재생하는 공장으로 안내하였다. 이 지역은 주로 환경 오염과 관련된 공장들이 많이 있는 지역이다.

환경 오염을 극복하고 우리는 살아났다는 이야기를 하다가 갑자기 공장 설명을 하더니, 그것도 매우 적극적으로, 공장을 견학시키고 여기서 나오는 제품의 우수성을 신명나게 홍보했다. 그렇다. 이들은 지금 옛날의 오염된 모습과 현재 오염이 극복된 지역 모습을 이용해 환경 오염이라는 주제로 사람들을 주목시킨 다음 환경 산업을 상품으로 판매하고 있었다.

바닷물을 파는 일본판 봉이 김선달 토야마 현(富山縣)의 니메리카를 방문했다. 이곳은 바다 깊은 곳의 물을 채취하여 염분을 제거한 다음 여러 가지 종류의 물을 만들어 생수로 판매하는 지역이다. 심층수라 오염이 안 돼 균이 없는 것은 기본이고 물맛도 그만이라고 했다.

심층수로 만든 제품

그런 설명을 들은 후라서 그런지 일행 모두는 물을 마셔보고 어딘가 신비한 맛이 난다고 하였다. 이어서 간 곳은 해양 심층수로 가득 채운 수영장이었다. 그곳에서는 사람들이 청정수로 아주 즐겁게 수영을 하고 있었다.

해양 심층수의 설명이 끝나자 안내자는 우리를 반딧불 오징어를 찍은 사진 앞으로 데려 갔다. 그런 다음 떼를 지어 바닷속을 헤엄쳐 다니는 반딧불 오징어 비디오를 장시간 보여주었다. 반딧불 오징어란 반딧불처럼 반짝반짝 빛을 내는 오징어라 해서 붙여진 이름이다. 해양 심층수를 말하면서 오징어가 갑자기 왜 나온 것일까? 안내자는 이 반딧불 오징어를 해양 심층수로 키운다는 것이다. 그리고는 이 오징어를 가지고 온갖 식품을 만들어 세계 시장에 판매하고 있다는 설명을 장황하게 늘어놓았다.

이 지역 역시 해양 심층수로 사람을 주목시키고, 해양 심층수와 반딧불 오징어 등을 접목시켜 상품을 판매하고 있었다.

지역은 스스로 한 송이 꽃이어야 한다 이제 마무리를 하려고 한다. 바람직한 지방화는 중앙 정부의 지원이 아니라 지방의 의지로 만드는 것이다. 그래야 지역 스스로가 자기 필요에 따른 발전을 할 수 있기 때문이다. 그러므로 서울이든 지방이든 한 송이 꽃이어야 한다. 벌과 나비가 찾아 날아오는 향기 진동하는 아름다운 꽃이어야 한다. 꽃과 꽃이 벌과 나비로 연결되어 열매를 맺듯이 우리나라 삼천리 금수 강산도 매력 있는 지역과 지역이 들고나는 사람과 기업들 그리고 이들

이 한데 어우러져 만든 문화로 연결되어 생기 넘치는 열매를 맺어야
한다.

지금 세계 각국은 나라가 아닌 지역을 매력 넘치는 곳으로 만들어
놓고 세계 사람들을 유혹하고 있다. '삿포로'의 눈 축제이지 일본 축
제가 아니다. '밴쿠버 빅토리아 섬'의 꽃송이 축제이지 캐나다 축제가
아니다. '아비뇽' 축제이지 프랑스 축제가 아니다. 이렇게 세계는 지
금 경쟁력을 국가에서 찾지 않고 지방에서 찾고 있다.

우리나라도 마찬가지다. '함평'의 나비 축제이고 '곡성'의 심청 축
제이지 전남이나 대한민국 축제가 아니다. '고령'의 대가야 문화 예술
제이고 '포항'의 바다 연극제이지 경북이나 대한민국의 축제가 아니
다. 이 처럼 우리나라도 각 지역이 스스로 꽃이 되어 벌과 나비를 불러
모아 지역 살림을 알차게 만들어보고자 애를 쓰고 있다.

단, 지역의 축제를 통해 외부인들을 주목시키는 데 성공하였다면
그 이미지를 부각시켜 자기 지역의 쌀이나 과일 같은 생산품에 연결한
후 수요를 늘려야 한다는 점을 강조하고 싶다. 축제는 지역주민 모두
의 삶을 풍요롭게 할 때 더 가치가 있을 것이기 때문이다.

7 대학과 지방의 상관 관계

지방화 3법의 국회 통과 우리나라에도 지방화 운동을 일으켜 지방 분권과 균형 발전을 관철시키고자 노력하는 전문가들이 많다. 이들은 지금 우리나라에서 추진되고 있는 지방 분권과 균형 발전 정책에 대하여 사활을 걸었다고 해도 지나치지 않을 만큼 열정적이다. 그래서 그들과 희비의 세월도 함께 할 수 있었다.

지방 분권 운동을 하던 당시(2002년) 대선전이 한창이었다. 우리는 지방 분권 10대 의제를 만들면서 당시 여야 후보들과 집권 후에 지방화를 추진하겠다는 약속으로 지방 분권 대국민 서약식을 가졌다. 당시 이회창 후보(12월 6일, 대전), 노무현 후보(12월 8일, 대구), 권영길 후보(12월 11일, 부산)가 서약을 하였고 서약 장면과 내용은 주요 언론에서 국민들에게 공개하였다.

현 정부가 들어선 이후에 우리는 대선 당시 맺은 협약에 따라 지방화 작업을 추진토록 촉구하였다. 특히 지방화 3법(지방분권특별법, 국가균형발전특별법, 신행정수도이전에 대한 특별조치법)의 제정과 통과에 혼신의 힘을 기울였다. 이 법들은 2003년 12월 29일 만장일치에 가까운 지지로 국회를 통과하였다.

당시 우리는 이 법안들의 국회 통과를 위하여 국회의원 회관에서 국회의원들을 매일같이 찾아다니며 법안의 통과를 호소하였다. 무너져 가는 지방을 차마 두고 볼 수 없어서 고향을 떠나지 못한 사람들의 수가 작다는 이유로 인간답지 못한 생활을 하는 것이 너무 안쓰러워서, 지방에 오는 돈도 중앙 정부의 간섭으로 꼭 써야 할 곳에 쓰지 못하는 현실이 안타까워서, 지방화 3법을 통과시켜야 한다고 혼신의 힘을 다해서 의원 회관을 헤집고 다녔다.*

어느 날 나는 당시 제1야당의 고위 중진 의원실을 방문하였다. 지역구가 지방인 의원이었다. 그 의원과 이런저런 의견을 나누다가 다음과 같이 호소했던 기억이 난다.

"이 일은 지방화를 추구하는 전문가들이 자발적으로 내 돈 들고 내 품 팔아서 오히려 정부를 압박하여 추진하는 일입니다. 그리고 대선 당시 후보들도 흔쾌히 대국민 협약식을 갖고 만천하에 약속한 일입니다. 나는 지방에 있는 대학의 교수입니다. 요즘 지방 경제가 어려운 것은 삼척동자도 잘 알지 않습니까? 세계가 지역마다 특성을 가지고 경

---

* 내 고향 초등학교 학생 수가 전교생이 26명이다. 이들이 무슨 정규 교육을 정상적으로 받는단 말인가. 남은 자의 비참함은 이런 것이다.

쟁을 하는데, 우리 지방은 특색이고 뭐고 생각할 겨를도 없이 어렵습니다. 지방은 사라지고 서울만 남는다면, 대한민국은 서울만 가지고 세계와 경쟁해야 합니다. 지역의 특성을 상품화하는 시대에 그것은 가능하지 않습니다. 그러니 지방을 키워야 합니다.

지방을 키우려면 첫째 인재가 있어야 하는데 요즘 지방 대학에는 학생이 오질 않습니다. 학생들이 무조건 서울에 있는 대학만 선호하기 때문입니다. 서울 선호 사상 때문이기도 하지만, 지방 경제가 어려워 취직이 안 되기 때문입니다. 선생으로서 4년 동안 강단에서 큰소리를 치며 가르쳐놓고, 4년 동안 얼굴 보며 정들었던 제자가 직장도 얻지 못하는데, 그래도 이놈들이 졸업을 한다고 선생님 고맙다고 사은회를 열어 양복 빌려 넥타이 매고, 한복 빌려 옷고름 매고 하직의 절을 할 때 그 모습을 바라보는 선생의 심정을 의원님은 아십니까?

지방화 법들을 통과시켜서 공공 기관을 지방에 이전시키면 관련 기업들도 조금은 따라올 것이고 거기에 우리 학생들 몇 명이라도 취직하면 그 소식을 듣고 점점 더 좋은 인재가 몰려들고, 그러면 지방 대학은 점점 더 좋아지고 좋은 인재를 배출할 것 아닙니까? 그래야 우리나라도 지방을 키워 세계화 추세에 대비하는 것 아닙니까? 그러니 제발 도와주십시오.”

말을 잇지 못하고 도중에 눈물을 흘렸던 기억도 난다. 나도 해야 할 일이 산더미 같고, 내 돈 아깝고 내 자식들도 교육시켜야 하는 가장인데… 서러운 생각이 몰려와 나도 모르게 눈물이 나왔던 것이다. 그 의원은 당혹스러워하면서 법 통과에 적극 참여하겠다고 약속하고 그

약속을 실천했다. 고마웠다.

지방에 초일류 대학 건설의 꿈을 안고 당시 의원 회관에서 만났던 많은 의원들이 수도를 옮기고 공공 기관을 이전하는 것보다는 차라리 서울의 일류 대학교를 지방으로 옮기면 서울에도 좋고 지방에도 좋을 것이라는 지적들을 자주 하였다. 나도 서울의 학교를 옮기는 것에는 찬성이었지만 관철시키기에는 역부족이었다. 결국 지방의 대학 수준을 지금보다 현저히 올리는 길이 답이라는 생각이 들었다.

어떻게 해야 지방의 대학 수준을 올릴 수 있을까. 좀 심하게 표현하자면 우리나라의 학생들과 학부모들에게는 오로지 서울에 있는 대학만이 대학이 아니던가. 서울이 아닌 지역에 있는 대학 중에서 학생과 학부모들에게 대학 구실을 하는 곳은 의사를 양성하는 대학뿐이다.* 이렇게 지역의 학생들과 학부모들이 자기 지역에 있는 대학을 하대하는 풍조 속에서, 지방의 대학 수준을 지방화 시대를 이끌어갈 만큼 올려놓기란 정말 어려운 일일 것이다. 그러나 나는 절대 희망을 포기하지 않는다.

지방 대학의 수준을 올리는 길은, 지방 사람들이 지방에도 일류 대학이 있을 수 있다는 사실을 믿는 것이다. 세계화 시대에 세계의 지방과 경쟁하는 지방을 만들어내려면 지방에 일류 대학이 있어야 한다.

----

* 이 나라의 우수한 이과 학생들이 모조리 의사만 되면, 도대체 이 나라의 과학 기술 인력은 어떻게 양성하여 언제쯤 우리가 가고자 하는 곳에 다다를 것인가. 이 나라의 불균형은 지역간 불균형뿐 아니라 분야간 불균형도 이토록 심하다. 나는 정부가 이러한 분야간 불균형을 방치하면 이 나라의 희망은 없다고 생각한다.

현재의 우리나라 일류 대학 수준을 훨씬 뛰어넘는 초일류 대학이 있어야 한다. 현재의 대학 구조로 초일류 대학을 건설할 수 있을까? 이쯤으로 실험은 충분히 하지 않았는가? 현재의 대학 구조로는 안 된다.

솔직히 말하면 나는 도대체 왜 대학들이 서울에 몰려 있어야 하는지 이해하지 못한다. 선진국 좋아하는 우리나라가, 선진국들은 지방마다 초일류 대학들을 만들어 그들이 지방을 선도하고 있고 그것이 그 나라의 힘이라는 사실은 왜 외면하는지 잘 모르겠다. 미국의 하버드, 스탠포드, MIT가 워싱턴에 있는가? 독일, 프랑스, 영국 등에 있는 그 수많은 일류 대학들이 수도에 있는가 말이다. 우리나라 사람들이 그토록 폄하하는 지방에 있다. 왜 공부하는 학생들이 온갖 유혹의 손길이 난무하는 서울에 있어야 하는지 이해가 안 된다.

선진국 학생들은 인구 5만에서 10만 명쯤 되는 한적한 도시의 기숙사에서 오로지 학문만을 연마하며 세계를 삼킬 궁리를 하는데, 등하교 길에 2시간 이상을 길에 허비하고 여기저기 놀거리가 지천으로 있는 재미난 서울에서 언제 공부하여 능력을 갖춘단 말인가.

그 날이 오면 지방의 초일류 대학들은 지방을 초일류로 만들 것이다. 학생들은 학교가 서울에 있다는 이유만으로 서울의 학교를 선택하지는 않을 것이다. 그렇게 되면 지방의 대학들은 수준이 높아지고 지역에 필요한 인재가 양성될 것이다.

그 날이 오면, 대한민국의 지방은 세계의 지방이 될 것을 믿는다. 이제 세계 사람들은 한국에 간다고 하지 않고 서울에 간다, 부산에 간다, 대전에 간다, 광주에 간다, 춘천에 간다, 전주에 간다고 말할 것이다. 우리들은 한국에서 미국엘 간다, 독일엘 간다고 말하지 않고 대구에서 파리에 간다고 말하고 광주에서 스위스에 간다고 말할 것이다.

8 사막에서 희망을 보다

사막의 꿈 우리나라의 낙후 지역은 사막과 흡사하다. 물건을 만들어내는 공장도 시원치 않고 그렇다고 요즘 각광을 받는 IT 산업이나 서비스 산업이 번창하지도 않았다. 사막의 오아시스처럼 간혹 이런저런 공장들이 있어서 낙후 지역 사람들의 경제적 갈증을 풀어주는 것도 사막과 닮았다.

이 황량한 사막에서 과연 무엇을 할 수 있을 것인가? 모두들 이런 생각을 하겠지만 나는 사막에서 희망을 본다. 수많은 청소년들에게 꿈을 주는 디즈니랜드는 오로지 상상력 하나만으로 사막에 세운 희망이다. 온도 40도를 넘는 사막 위에 세워진 번쩍이는 라스베이거스, 나무에 스프링클러를 단 로스앤젤레스 모두 사막에 세운 도시들이다. 물론 물자가 넘쳐나는 미국에서의 이야기이니 우리와는 거리가 좀 먼 이야기리는 생각이 들기도 하지만 효율을 최고의 미덕으로 삼는 그들은 손해 보는 일에 서투르다.

대공황도 사막에서 극복　1930년대 세계는 대공황 시대를 맞는다. 부동산 가격이 폭등하는 등 엄청난 호황 후 밀려온 공황이었다. 미국은 이 공황을 지방 발전의 계기로 삼고 정책을 세워 실행해 갔다. 댐을 만들고 고속도로를 건설하면서 산업을 지방에 분산시키고 인구를 분산시키고 문화를 분산시켰다.

예술과 건축 분야도 예외는 아니었다. 지방의 다양한 전통을 살리면서 시민들에게 쾌적한 문화 시설, 공원, 값싸고 실용적이면서도 예술적인 건축물을 지방에 만들었다. 대공황으로 퇴출당한 가족들을 위해 농촌 지역에 산업 건설을 해나갔던 것이다.

이런 일만으로 공황 탈출이 가능하지는 않았겠지만 어려움을 당하자 지방을 활력의 근거지로 삼았다는 사실을 그냥 지나쳐서는 안 될 것이다.

벚꽃과 단풍이 유혹할 나고야　일본의 나고야 근처에 위치한 누카타 쵸(額田 町)는 농촌 지역이다. 2004년에 이곳을 방문했는데 울창한 숲 외에는 아무것도 없는 곳, 일종의 사막이었다. 하지만 지방자치단체에서는 '마을만들기과'를 만들어 주민들과 함께 마을 살릴 궁리를 하였다. 마을만들기과의 과장은 전형적인 공무원의 모습을 버리고 수염까지 길러 주민들 속으로 들어갔다. 그들이 만든 작품을 보고 좀

황당했는데 그것은 지역의 산에 벚꽃 나무를 심는 것이었다. 일본 사람들이 좋아하는 벚꽃 나무라도 심어서 사람들을 불러들이려는 게 그들의 작품이었다. 다음으로 한 고민은 가을에 사람을 불러올 방안이었다. 가을에는 단풍이 제격이니 단풍 나무도 같이 심기로 하였다. 벚꽃 나무와 단풍 나무를 심어 봄에는 벚꽃, 가을에는 단풍이 만개하여 전국적인 관광 명소로 만들겠다는 것이 그들의 계획이었다.

사람들이 떠나 빈집이 된 농촌 주택은 도시민들이 묵을 수 있도록 개조를 하였다. 그 결과 아직은 벚꽃과 단풍이 유혹하지도 않건만 한 해 2만 명이 넘는 사람들이 그곳을 찾아 묵어가는 성과를 보고 있다. 바로 지역민의 노력과 투자가 사막에서 희망을 꽃피운 지역으로 탈바꿈을 한 것이다.

삿포로에만 있는 화이트 초콜릿　눈 때문에 낙후했던 지역이 눈 때문에 부강한 지역으로 탈바꿈한 곳, 이곳이 바로 삿포로다. 내가 삿포로에 관심을 갖게 된 계기는 제일 교포 3세인 한 지인에게서 삿포로 언어가 일본 표준어라는 말을 듣고나서부터다. 정확히는 표준말에 가장 가까운 말이라고 한다. 우리나라는 서울말이 표준말인데 일본은 그렇지 않다니 그 사실만으로도 흥미로웠다.

삿포로는 눈이 많이 오기로는 세계에서도 손꼽히는 지역이다. 그만큼 살기가 어렵고 힘든 지역인 것이다. 그런데 이 지역의 특징인 흰 눈을 살려 화이트 초콜릿을 만들어 그것을 특산물로 세계 시장에 내놓고 있다. 흰 눈으로 주목을 시킨 다음 흰 초콜릿을 만들어 판매하고 있는 것이다.

특이하게도 일본에서는 삿포로 지역이 아니면 삿포로의 화이트 초콜릿을 살 수가 없다. 여기서 내가 관심을 가지는 것은 왜 다른 지역에서는 팔지 않는가 하는 점이다. 다른 지역에서도 판매를 하면 훨씬 더 많이 팔 수 있는데 그들은 그렇게 하지 않고 있다.

지금 그들은 눈을 가지고 화이트 초콜릿을 만들었고, 화이트 초콜릿을 가지고 삿포로를 만들어 판매하고 있다. 화이트 초콜릿을 사려면 반드시 삿포로에 가야만 한다. 그 화이트 초콜릿에는 삿포로 흰 눈의 낭만과 아름다움과 그 정성이 함께 담겨져 있다.

9 서울만 수도라는 법은 없다

행정 수도 이전의 불씨를 심다   지방 분권과 균형 발전을 부르짖으면서 지방화의 의제가 명확해야 한다는 생각이 들었다. 그래서 수도권을 포함한 각 지역별로 전문가들을 수소문해 67명의 명단을 확보하고 이 사람들에게 이메일을 보냈다. 지방화를 실질적으로 실천하기 위해 필요한 의제를 5가지만 적어달라고. 몇 사람만 제외하고 회신이 왔다. 회신된 의제들을 주제별로 분류하여 보니 20여 가지가 되었다. 분류된 의제를 다시 그분들께 보내 각 지역의 입장에서 다시 한 번 검토해 달라고 부탁했다.

그렇게 검토된 의제 20개를 가지고 우리는 한 회의장에 모였다. 20개의 의제 중 10개를 결정하여 지방 분권 10대 의제로 발표할 예정이었다. 이때 우리가 사용하는 지방 분권이라는 용어는 지방 자치와 균형 발전을 위한 모든 정책을 총칭하고 있었다. 우리는 장시간 의제 하나하나를 모두 토의했고 투표를 하여 의제의 순위를 결정하였다. 그 자리에서 1위를 차지한 의제가 바로 '수도의 지방 이전 및 공공 기관의 지방 이전' 이었다. 이렇게 해서 우리는 이 의제를 지방화의 첫 번째 과제로 결정하고 우리의 역량을 모아갔다.

수도 이전의 논의가 진행되면서 수도 이전보다는 행정 기능 이전이 더 바람직하고 현실적이라는 의견들이 각계 각층에서 제기되었다. 수도 이전은 행정 수도 이전으로 축소된 것이다. 그리고 행정수도이전 특별조치법이 국회에서 통과됨으로써 행정 수도 이전의 절차가 시작되었다.

행정 수도 건설은 위헌이다? 나는 행정 수도 건설이 성공하기를 기원했다. 행정 수도 건설은 우리나라의 과도한 중앙 집중이 가져온 비극을 해결하기 위한 가장 유력한 수단이라고 믿기 때문이었다. 소망과는 달리 행정 수도 건설은 위헌 판결을 받았다. 수도는 서울에 있다고 믿는 관습을 위반했다는 이유였다.

행정 수도를 건설해야 한다는 주장이 반드시 옳을 수만은 없겠지만, 그 주장을 무효로 하려면 더구나 관습을 근거로 하여 위헌 판결을 내리려면 국민들이 관습의 기준으로 볼 때 이해가 되었어야 했다. 그런데 과연 누가, 몇 명의 사람들이 그렇게 생각했을까?

세계화 시대라면서, 세계를 배우자면서, 다양성의 시대라면서, 시대의 추세에 부응해야 한다면서 도대체 왜 우리나라만 서울 하나로 세계 사람들의 입맛을 맞출 수 있다고 생각하는 것일까? 미국이 워싱턴 하나로만 승부하던가, 프랑스가 파리 하나로만 승부하던가! 더구나 국토가 좁아, 국토 한 구석이라도 낭비해서는 안 되는 우리나라에서 왜 서울 이외의 지역은 모두 버리려고만 하는지 정말 한심하고 답답한 노릇이다. 세계의 선진국들처럼 우리도 지역을 강하게 키워 세계로 내보내야 한다. 그래야 지방이 살고 서울이 살고 나라가 산다.

행정 수도 건설에 반대하는 사람들은 토론이 부족했으니 충분히 더 논의를 하자, 비용이 너무 많이 든다는 등의 이유를 들어 국민 투표를 주장하거나 행정 수도 이전을 반대하였다.

행정 수도 건설비가 낭비라는 생각들 행정 수도 건설비를 걱정하는 분들이 특히 많았다. 나라 경제가 어려워 온 국민이 신음하고 있는데 45조 원이나 되는 돈을 그렇게 낭비해야 하느냐는 사람들도 있었다. 또 그 돈을 차라리 지방에 나누어주는 게 더 낫다는 사람들도 있었다. 행정 수도가 이전해 가면 아파트 값이 폭락할 것이라는 우려의 말도 있었다.

그러나 수도권의 인구가 매년 30여 만 명씩 증가하고 있다. 이들 때문에 매년 수도권에 신도시를 만들 수밖에 없다. 비싼 땅값 때문에 행정 수도 이전비보다 2배, 3배 더 비용이 든다. 이런 현실은 외면하고 행정 도시 건설비 자체만을 문제 삼는 것은 현명하지 못하다. 많은 사람들이 행정 수도 건설에 드는 비용은 낭비라고 생각한다. '생돈' 이 들어간다는 것이다.

그러나 행정 수도를 만들면 사람들이 시울로민 가는 시울병을 치료하여 매년 수도권 인구 증가를 20만 명, 10만 명 이내로 줄일 수 있다. 그렇게 되면 멀쩡한 지방의 시설들을 다 버리는 낭비를 줄일 수 있다. 또한 나라에 돈이 남아돌아 위성 도시를 건설하는 것이 아니듯 행정 수도 역시 나라에 돈이 남아돌아서 건설하는 게 아니다. 반드시 해야만 하는 것 중에서 하나를 하는 것뿐이다.

행정수도이전특별법을 포함한 지방화 관련 법안들은 현 정부가 느닷없이 제기한 것이 아니다. 지방화를 갈망하는 지방의 전문가, NGO들이 약 3년에 걸친 고민과 치열한 토론 끝에 정책안을 만들어 정부를 설득하고 여당, 야당을 설득하고 국회에 제출한 법이다. 정부 또한 행정수도이전특별법을 통과시킬 때 수도권 자치 단체 그리고 야당과 치열한 토론을 벌였고 그 결과 그들이 찬성하여 통과된 법이다.

혁명이 안 된다면 개혁이라도 해야 한다 행정 수도는 좌초되었고 행정 도시로 축소되었다. 이나마도 온전히 진행되었으면 하는 바람을 갖는다. 행정 도시 건설마저 실패한다면 공공 기관의 지방 이전이 순식간에 무산될 것이기 때문이다. 현재의 지방화 전략은 공공 기관 이전을 비롯한 균형 발전 정책과 지방의 자립을 추구하는 지방 분권 정책 그리고 행정 도시 건설이 상호 긴밀하게 연결되어 있다. 어느 것 하나라도 배제된다면 전체적 틀이 유지될 수 없다.*

----

* 다행히 2005년 11월 24일 헌법재판소는 행정 도시 건설에 대한 위헌 소송을 기각하였다.

아무튼 행정 도시는 건설되어야 한다. 우리나라를 짓눌러 온 중앙 집중주의는 오랜 기간 동안 고착화되어 어느 정도의 충격 없이 개혁되지 않을 것이다. 행정 도시 건설의 본질은 중앙 집중으로 인해 붕괴하고 있는 나라를 구하자는 것이다. 행정 도시 건설을 반대하는 것은 사람이 중병이 들어 수술을 해야 하는데 수술을 하면 흉터가 남는다, 수술비가 너무 많이 든다, 수술할 때 무척 아프다, 부작용이 염려되니 수술하지 말자고 하는 것과 같은 이치다.

10 씨앗을 심어야만 열매를 맺는다

공공 기관 지방 이전은 작은 씨앗일 뿐이다 우리나라 사람들은 일반적으로 성급한 편이다. 때마다 '양은 냄비' 운운하는 것도 이 성급함과 무관하지 않다. 무슨 일을 시작했으면 충분히 시간을 두고 기다려야 성숙된 결과를 얻을 텐데, 아직 물을 길러 밥도 짓지 않았는데 우물에서 숭늉을 찾는 경우가 비일비재하다. 지방화도 지방이 충분히 단장을 하고 난 다음 인적, 물적 자원을 불러와야 성공할 수 있다. 그러나 우리에게는 그럴 만한 관용이 없다. 지금도 도처에서 도대체 이 정부는 지방화를 한다면서 무엇을 했는지 모르겠노라는 말이 횡횡한데 공공 기관 이전 정책마저 없이 지방의 꽃 단장 프로그램만 준비했다가는 우물에서 숭늉 찾는 사람들에게 몹시 시달릴 것이다.

그러므로 힘든 삶에 지쳐 있는 지방민들에게 희망을 가시적으로 보여줄 필요가 있다. 가속도가 붙은 지방 이탈 현상을 막아낼 비상 처방으로 공공 기관 지방 이전이 필요했다. 이 나라는 지방화를 통한 세계화로 방향을 선회한다는 강력한 메시지가 필요했다. 나중에 사람들이 "지방화 정책의 성과가 무엇이냐?"라고 물으면 지방으로 이전된 공공 기관의 멋진 모습을 가리키며 보여줄 것이다.

성급한 사람들은 또 묻는다. 공공 기관의 지방 이전이 제대로 되겠느냐고. 나중에 새 정부가 들어서면 정부 정책의 우선 순위가 또 바뀔 텐데, 이전 정책이 흐지부지 되지 않겠느냐고. 해당 공공 기관이 알맹이는 서울에 두고 지방에는 껍데기만 보내려 할 것인데 그러면 그게 무슨 효과가 있겠느냐고.

이때 해줄 수 있는 말이다.

"이 일은 특별법으로 추진하는 것이니 정부가 바뀐다고 해도 중간에 중단할 수가 없다. 해당 공공 기관들이 이 정책을 무효화시킬 것을 우려해 법률적, 제도적, 정책적 대응책들을 강구하고 있다. 그리고 공공 기관은 이미 지방 정부로의 배정이 끝난 일이다."

그러나 나는 이렇게 말하길 원한다.

"공공 기관 이전은 그것의 성공 여부를 논하는 대상이 결코 아니다. 공공 기관의 지방 이전은 반드시 성공해야 한다. 왜냐 하면 이것이 실패하면 대한민국은 희망이 없기 때문이다. 그러므로 우리는 공공 기관의 지방 이전에 대한 확고한 믿음을 가지고 이 믿음을 실천하기 위한 온갖 노력을, 지금 이 시간 우리들 각자가 할 수 있는 최고의 정성을 쏟아야 한다."

나는 공공 기관의 지방 이전이 지방 발전의 모든 것이라고 생각하지도 않고 그 효과도 생각만큼 클 것이라고는 생각하지 않는다. 이것은 매우 작은 시작에 불과하다. 논에 모내기를 하는 심정으로, 산에 묘목을 심는 심정으로 황량한 지방에 발전의 씨앗을 심는 일이라고 생각한다. 지나치게 빽빽한 숲의 나무 몇 개를 민둥산에 옮겨 심어서 나무 몇 개가 나중에 크게 자라고 그러다 보면 민둥산의 숲도 우거질 것이라는 믿음이 있기 때문이다.

공공 기관의 지방 이전은 처음에는 작은 씨앗일지라도 훗날 큰 열매를 맺을 보배가 되리라고 믿기 때문이다.

지방도 발상 전환이 필요할 때이다 공공 기관의 지방 이전은 우리만 하는 것이 아니다. 많은 선진국들이 심혈을 기울여 추진하는 일이다. 그들과 비교할 때 우리는 너무 늦었다. 영국의 스코틀랜드 지역에서는 한 단계 더 나아가 광역 단위 내에서도 분산을 하고 있다. 광역 단위 자체의 경쟁력을 높이기 위해서다. 이를 테면 대구, 광주, 부산 등과 같은 대도시에서 경북, 전남, 경남 등의 농촌 지역으로 분산이 이루어지고 있다는 말이다. 왜 그러겠는가? 바로 경쟁력 때문이다.

우리 현실은 지금 대도시에서 농촌으로의 분산은커녕 중앙에서 지방으로의 분산에도 이렇게 힘이 들고 어렵다. 지방 분산의 어려움은 여러 가지가 있지만 지방 내부에도 그 원인이 있다. 지방화 초기 단계에서 충분히 있을 수 있는 일이겠지만, 지방화를 이해하는 폭이 너무 편향되어 있어서 그렇다. 지방화를 스스로 지방을 만들어가는 것보다는 중앙에서 쟁취해 오는 것으로만 인식한다. 노심초사하면서 어떻게든 실천을 해보려고 안간힘을 쓰고 있는 사람들에게 "우리에게 주지 않으려면 그 따위 정책은 당장 때려치우라"고 말한다.

특히 공공 기관 근무자들을 물적 자원(物的資源)처럼 대하는 태도는 참으로 문제이다. 그들이 인간이라는 사실을 망각하고 우리 지역을 부자로 만들기 위해서 필요하니 우리 지역에 배치하라는 말은 잔인하다. 사르트르(sartre)는 인간이란 사람들이 자기를 쳐다보는 것만으로도 하나의 물건이 되어버리는 것 같은 느낌을 가져 긴장을 한다는데, 단순히 쳐다보는 것이 아니고 물(物) 그 자체(自體)로 여기는 것이라면 그들은 극도로 움츠리고 긴장할 것이다.

나는 공공 기관 근무자들에게는 이전 근무지에서의 근무 환경을 최대한 보장해 주어야 한다고 생각한다. 그들은 물적 자원이 아니기 때문이다. 그들의 주거 환경, 문화 환경, 교육 환경, 경제 환경 등이 이전보다 낙후되어서는 안 된다. 쾌적한 도시를 만들어 그들에게 최상의 환경을 제공해야 한다는 것이다.

쾌적한 도시를 만들려면 지금 지방에 배정된 공공 기관을 한데 모아야 한다. 그래서 이전 근무 환경보다 더 멋지고 쾌적한 환경을 선사해야 한다. 지금보다 못한 곳에 가야할 게 불 보듯 뻔하다면 누가 과연 지방 근무를 원하겠는가 말이다. 입장을 한번 바꾸어 생각해 보라.

11 지방화를 갈망하는 편지

정부에게   먼저 국가적 과제로 지방화를 선택하고 이를 실천하기 위해 관련 특별법을 제정하고 많은 정책을 세워 지방화를 추진해 주신 데 대해 감사의 말씀을 드립니다.

역대 정부가 모두 지방화 정책에 동의하였지만, 당시의 정치적 상황에 따라 늘 표류해 왔던 점을 거울삼아 제도적으로 지방화를 추진할 수밖에 없도록 시스템을 갖추어주신 것에 대해 특히 감사드립니다.

그러나 시시때때로 정부의 지방화 의지를 의심케 하는 여러 정책들이 수도권 정책 속에서 발견됩니다. 또다시 정치적 격랑에 지방화가 함몰되는 것은 아닌지하고 지방화를 갈망하는 사람들은 염려하고 있습니다.

사람에 따라서는 정부의 지방화 의지가 약화될 수도 있음을 말하지만, 저는 수도권의 각종 우려스런 정책조차도 지방화를 건실하게 추진하려는 로드맵의 하나로 믿어 의심치 않습니다. 목표를 향해 가려면 언덕을 넘기도 하고 진흙길을 돌아서도 가야하는 것이니까요. 무릇 모든 일에서 지나친 경직성을 경계하는 선현들의 말씀이 바로 이런 때 적용되는 것이 아닌가 생각을 합니다.

저는 정부의 지방화 의지가 약화되는 일은 있을 수도 없고 그래서도 안 된다고 믿습니다. 다만, 정부의 원칙 준수는 매우 중요하다고 믿습니다. 지방 분권의 원칙, 균형 발전의 원칙 그리고 그에 따른 로드맵이 태산처럼 버텨주어야 합니다. 정치권의 놀음에 휘둘리지 않으며, 지방의 작은 이익 다툼에 초연하며, 수도권에 대한 설득에 의연히 나서며 묵묵히 지방화를 향한 걸음을 걸어가야 합니다.

수도권 정치인들께 여러분들의 심정도 이해가 갑니다. 여러분의 지역을 지키고자 하는 마음은 어찌 보면 당연한 일입니다.

그래도 수도권 정치인 여러분, 여러분들도 잘 아시지 않습니까? 수도를 이대로 두고 나라 발전을 더 이상 시킬 수는 없다는 것을. 그러니 우리는 모두 힘을 합해 합일점을 찾아야 하지 않겠습니까?

모두가 힘을 합해도 힘든 일입니다. 그렇다고 수도권 정치인 여러분들께 앞장서서 추진해 달라고 하지는 않겠습니다. 다만, 너무 과장하지는 말자는 것입니다. 공공 기관 이전을 하면 서울은 모두 죽는다고, 빈껍데기가 된다고. 공공 기관 몇 개 옮긴다고 서울이 어려워지지는 않습니다. 옮긴 그 자리에 더 좋은 것이 들어올 텐데 왜 미리 염려를 하는 것입니까?

정부 기관을 세우면 민간 부문이 위축된다고 말합니다. 소위 정부 투자의 민간 투자 밀어내기 효과라고 그러지요. 경제학 교과서에서도 나와 있는 모두 다 아는 내용입니다. 공공 기관을 빼내면 민간 기관이 들어오는 것은 너무 당연하지 않습니까?

정부와 민간 중 누가 더 효율이 높습니까? 답은 이미 나온 것입니다. 서울은 서울에 오고자 하는 것을 받아들이고, 지방은 지금 당장 응급 처치가 필요하니, 공공 기관이라는 영양 주사를 맞게 해야 한다는 것입니다. 단지 그것뿐입니다.

공공 기관 근무자 여러분께 국가적 과업을 위해 지방으로 이전해야 하는 여러분께 여러분의 마음을 다 헤아리지는 못하지만 심심한 위로의 말씀을 드립니다.

국가적으로야 필요한 일이라지만 힘들게 쌓아온 삶의 터전이 일순간에 흔들리는데, 당장 내 가족이 혼란을 겪는데 누군들 이 일을 좋아하겠습니까? 그러나 이 힘든 문제를 풀 유일한 사람은 바로 여러분들입니다. 어쩌면 여러분들의 자세 하나하나에 국가의 운명이 달렸는지도 모릅니다. 반대 의견을 갖는 것은 너무도 당연한 일이라고 봅니다만, 조국이 여러분을 원하는데 이를 거부만 한다면 이 나라는 어떻게 되겠습니까?

지방이 말라가고 나라가 힘들어합니다. 지방을 살리고 나라를 살리는 일에 여러분들이 동참하지 않으면 안 된다고 부탁하고 있는 것입니다. 물론 그런 일에 왜 하필 나인가라고 말씀하실 수도 있습니다. 당사자 입장에서는 당연히 가질 수 있는 생각입니다. 하지만 어쩌겠습니까? 세상의 일에는 당사자가 있게 마련인데, 여러분들이 당사자인데, 당사자가 아니면 그 일을 누가 할 수 있겠습니까?

가정의 행복 추구권이 훼손된다고 말씀하시는 것도 들었습니다. 물론 부인하지는 않겠습니다. 그러나 공공 기관 이전은 사람이 살기 좋은 '혁신적인 도시'를 만들어 거기에 여러분들을 모시겠다는 것임을 다시 한 번 상기해 주십시오. 사람이 살 수 있는 최적의 환경을 만들겠다는 것입니다. 온 가족이 이주를 해도 이전에 비해 부족함이 없는 지방을 건설하자는 것입니다.

교육 여건에 대한 염려도 잘 압니다. 여러분께서 이주해 오실 혁신 도시에는 최상의 교육 환경이 조성될 것입니다. 그리고 당연히 그래야 합니다.

지방 자치 단체장 여러분께 저는 지방 자치 단체장이야 말로 지방의 핵심 중의 핵심이라고 생각합니다. 앞으로 지방은 지방 자치 단체장의 역량에 따라 천차만별의 지역이 될 것이기 때문입니다. 지방 자치 단체장의 역량은 중앙 정부에서 무엇인가를 가져오는 것이 아닙니다. 목표를 확고히 정하고 그 목표를 달성하기 위해서 능력을 기르는 지방이 바람직한 모습입니다. 그럴 때 단체장은 큰 틀을 만들고 사람들을 격려하고 배려하는 가장의 모습을 지녀야 합니다.

수많은 외국의 사례를 종합해 볼 때 정녕 성공한 지방 자치 단체장들은 중앙 정부의 지원에 연연해 하지 않고 스스로의 창의력으로 정책을 만들어 지역민들의 호응을 얻어낸 사람들입니다. 그러니 지방마다 어떤 특성으로 앞날을 설계할 것인가가 중요합니다. 지방 자치 단체장께서는 우리 지역은 어떤 특성이 강점인가를 파악하시고 그 성과물을 내는 과정에서 도울 일이 무엇인가를 고민하고 지원하는 사람이어야 합니다.

그러니 전국의 단체장 여러분, 우리가 공공 기관 이전, 혁신 도시 건설 등의 게임에서 무엇을 얻을 것인지를 명확히 하십시오. 어느 지역에 어느 기관이 오느냐 하는 것 보다는, 지방에 기관 이전이 실제로 이루어지도록 온 힘을 다한 후 단체장 여러분들의 역량을 마음껏 펼치시기를 바랍니다.

제3장
복지 사회를 위하여

  사회의 양극화 현상은 극심해지고만 있다. 여기에 치러야 하는 대가는 너무도 크다. 지방간, 계층간의 불균형으로 사회가 기우뚱거리고 급기야는 사람들이 아이를 출산하지 않는 사회가 되었다. 양극화 현상이 초래되는 원인 중의 일부는 성장과 분배에 대한 입장 차이다.

  아무래도 이제 우리는 균형과 복지를 통한 사회 유지를 위해 성장과 분배 간의 불화를 청산할 때가 왔다. 스스로 우리 자신을 극복하려는 의지를 통해 절망에서 희망으로 나아가야 할 때이다.

세계 10대 경제 대국인
대한민국의 본모습

빈손으로 분배하란 말인가?　나는 오늘(2005년 11월 5일) 충격적인 글 하나를 읽었다. 한때 사회주의 이론가로 널리 알려졌던 한 경제학 교수의 글이었다. 그 글을 읽고 나서 나는 한동안 망연자실해 있었다. 내가 아는 이 학자는 적어도 다음과 같이 말할 사람은 아니었다.

"한국 경제는… 경제 발전을 하지 않으면 분배를 할 수 있는 펀드가 형성되지 않습니다. 정말 분배를 하려면 성장 정책을 써야 하는 것이지요. 분배할 펀드를 확보한 상황에서 분배냐 투자냐를 고민한다면 모를까 아무것도 없는 빈손을 갖고 분배를 말하는 것은 국민을 속이는 일입니다."

한국 경제는 경제 발전을 해야 분배를 할 수 있는 펀드가 형성된다고 하시는데, 그럼 경제 발전을 하지 않아도 분배가 가능한 나라가 있다는 말일까? 각 국가의 경제를 연구해 보았더니 국가별로 서로 달랐는데 우리나라는 그렇더라는 말일까? 혹시 이 교수는 분배를 중시하는 사람들이 아예 경제 발전을 거부하는 것으로 알고 계시는가? 왜 우리나라 논객들은 상대방의 사상이나 주장을 극단적으로 단순화시켜 놓고 공격을 하는 걸까? 빈손을 가지고 분배를 말하는 것은 국민을 속이는 일이라고 하시는데, 그럼 지금 우리나라가 빈손이라는 말일까?

OECD에 가입하였고 세계 10대 경제대국인 우리나라가 아직도 빈손이라고 정녕 생각하시는 걸까? 옛날 권위주의 정부의 가장 큰 업적이 나라를 부자로 만들어놓은 것이라고 스스로들 자화자찬하던데 왜 이 교수는 이런 말씀을 하시는 걸까? 이런 생각들이 꼬리에 꼬리를 물면서 씁쓸한 마음이 영 가시질 않았다.

성장 우선론에 대한 여러 의문들 정말 모를 일이다. 성장 우선론을 외치는 사람들은 권위주의 정부 시절의 경제 성장 업적은 열심히 칭찬받을 일이라고 하면서, 균형 발전을 하자는 주장만 나오면 갑자기 우리나라를 최빈국으로 취급한다. 균형이라는 단어 앞에 그동안의 경제 성장 업적은 스르르 사라지고 만다. 우리나라는 무려 40년 동안 성장 제일주의를 채택해 왔음을 그들은 정녕 모른다는 말인가. 그 오랜 세월을 성장 일변도의 정책으로 달려왔는데, 왜 아직도 우리나라는 균형이라는 말을 터부시하는지 도무지 이해가 가질 않는다.

또 하나의 의문은 분배를 주장하는 사람들이 과연 성장을 하지 말자고 했을까? 그렇지 않다면 왜 성장을 반대한다고 단정하고 단죄를 하는 것일까?

또 하나 의문이 생긴다. 성장론자들도 분배를 하지 말자는 것이 아니라 성장 후에 분배를 하자는 것이라고 나는 들었다. 그 말대로 성장 후에 분배해야 하는 것이 맞는다면, 그럼 분배 시기는 도대체 언제이며, 그 시기는 과연 누가 판단하는가?

참으로 우리 민족의 미래 스케일은 크기도 하다. 40년을 기다렸는데도 아직도 더 기다리자는 그 스케일의 장대함에 나는 감탄한다. OECD 회원국이 되었어도 우리는 아직도 가난하다는 그 겸손함에 머리가 숙여진다. 언제까지 성장만 해야 하는지 참으로 모를 일이다.

굶어 죽고 난 후에 분배가 무슨 소용인가　지금 우리는 어디로 가고 있는가? 콩 한 조각도 나누어 먹으라던 우리 조상들의 가르침은 이미 사라져버린 지 오래다. 그러면서도 우리나라는 명실공히 선진국 대열에 들어섰다.

조남국의 『율곡의 삶과 철학 그리고 경제·윤리』(교육과학사, 1997)를 읽다가 율곡(栗谷) 선생의 대동사상(大同思想)을 음미해 본다. 사람이란 부지런히 살아서 능력이 축적되면 살아가기 어려운 주변의 많은 사람들에게 돌려줌으로써 그들에게 도움과 용기를 주어야 한다는 것이 선생의 말씀이다.

나눔은 언제나 가능하다. 하늘만큼 키운 다음에 나누겠다는 욕심만 버린다면 나눔은 언제나 가능하다. 하지만 굶어 죽고 나면 나눈들 무슨 소용이 있겠는가. 중앙 집중으로 서울은 번성하였지만, 지방은 지금 죽어가고 있다. 지방이 지금 죽어가는데, 앞으로 더 성장하여 나중에 함께 잘살자면 그게 무슨 소리냔 말이다.

나는 내가 살고 있는 오늘을 믿고 중시한다. 최준식이 『종교를 넘어선 종교』(사계절, 2005)에서 말하는 것처럼, 내가 지금 거(居)하고 있는 이 세계가 절대의 세계라고 믿는다. 지금 나누지 않으면 안 된다. 조금 더 기다리다가는 나누어야 할 대상이 사라지고 말 것이다.

소득만이 능사가 아니다　나중에 파이를 나누자고 파이를 쌓기 시작하면서 인간은 궁핍의 세계로 끌려들어 갔다. 이 순간이 내일과 분리되면서, 인간은 그렇게 부와 권력의 노예가 되어갔다. 대한민국도 그렇게 서울의 노예가 되어갔다.

그렇게 성장의 노예가 되어버린 우리들은 성장 이데올로기를 종교 교리로 알고 산다. 그래서 "너 부자가 되고 싶지 않아?" 하고 교주가 물으면 그냥 움츠러들고 만다. 성장하면 부자가 된다는데, 괜히 트집 잡았다가 "너 때문에 가난하게 되었다"라는 책임을 뒤집어 쓸 일 있냐는 생각이 들어서일 게다.

오쿤(A.M. Okun)이라는 경제학자가 있다. 미국의 예일 대학 교수였던 그는 미국의 유수한 씽크 탱크인 브루킹스 연구소(The Brookings Institute)가 발행하는 학술지의 편집인이었고 존슨 대통령의 경제자문위원장을 지내기도 한 명성 있는 학자다. 그는 『평등과 효율(이영선 역)』(현상과 인식, 1993)에서 소득이 사회의 후생을 측정하는 유일한 척도여서는 안 된다는 것을 역설한다. 그에 의하면 소득이란 성공적인 사회에 포함되어야 하는 일부 조선에 지나지 않는다. 그런데도 경제학자들이 사회의 발달을 소득 수준으로만 측정하려는 것은 제국주의적 만행이라는 것이다.

많음이 항상 좋은 것만은 아니다　정한균의 『동중서천학(董仲舒天學)』(법인문화사, 2003)에는 세상 사람들의 망의쟁이(亡義爭利)를 한탄하는 동중서의 말이 소개되어 있다. 망의쟁이란 의를 잊고 이익을 놓고 싸우는 사람들의 추한 모습을 말한다. 동중서는 이렇게 말한다. "한 쪽이 무겁게 쌓이면 곧 다른 쪽이 비게 된다"라고. 균형이·파괴됨을 지적하는 말이다. 계속하여 말하기를 "사람이 크게 부유해지면 교만해지고… 부자는 난폭하여 더욱 이익을 탐한다"고 한다. 그런데 왜 우리나라 사람들은 부자가 되어도 이익을 더욱 탐하지 않고 나중에 때가 되면 쌓아놓은 부를 나누어준다는 것인지 궁금하다.

공자도 논어 계씨(論語 季氏) 편에서, 불환과이환불균(不患寡而患不均)이라 하여 "적음을 걱정하지 말고 균형되지 못함을 걱정하라"고 하였다. 많다고 다 좋은 것만은 아니다.

분배에도 정의가 있다　우리나라의 부의 분배 현실을 잘 말해주는 것이 바로 부동산 가격 형성 과정이다. 성장 경제의 결과는 부의 서울 집중이었고 서울 부동산 가격의 폭등이었다. 지방 부동산 가격은 그대로이거나 조금밖에 오르지 않는다. 그러나 서울 땅값이 폭등하면 가난한 지방의 부가 부자인 서울의 부를 늘려주는 셈이 된다. 과연 이

것이 정의로운 일인가? 언제쯤이나 서울 부동산 이익을 지방으로 분배해 줄 것인가?

롤즈(J. Rawls)는 『정의론(황경식 역)』(이학사, 2003)에서 이익의 개선으로 인한 사회적 불평등은 사회적 최소 수혜자의 이익을 개선할 때만 허용된다고 역설한다. 경제의 추구는 가난한 사람들의 소득을 올려줄 때만 가능하다는 말이다. 경제적 격차를 초래하는 성장은 허용되지 않는다. 그런데 지금 우리나라의 소득 격차는 커져만 가고 있다.

롤즈의 주장은 일반 경제학자들의 주장과 별반 다를 게 없다. 경제학도에게는 익숙한 '파레토 개선(Pareto improvement)'의 개념을 생각해 보면 금방 알 수 있는 일이다. 누군가 이익을 꾀할 때 나머지 다른 사람의 이익이 최소한 줄어들지 않아야 파레토 개선이 되었다고 한다. 그러니까 누군가의 이익을 꾀할 때 다른 사람이 손해를 보면 전체적으로는 개선되었더라도 파레토 개선이 되지는 않았다고 보는 이론이다.

그런데 서울이 이익을 꾀했는데, 지방의 이익이 줄어들었다. 이는 명백히 파레토 개선 조건을 위반하였으므로 서울의 이익 증가가 지방의 손해를 커버하고도 남는다 하더라도 사회 전체적으로 파레토 개선이 되었다고 할 수 없다. 파레토(Pareto)라는 학자의 주장이 무슨 대수냐고 할 수도 있겠지만, 그러나 어쩌랴 파레토는 경제학에서 매우 큰 비중을 차지하는 사람인데.

그러니 인간은 자신의 행동이 타인의 삶에 어떤 영향을 미치는지 늘 신경을 쓰며 살아야 하는 것이다.

성장주의자가 빠지는 함정 설령 파레토 개선을 통과한다 하여도 사회 전체적인 총 파이만을 중시하는 것은 오류를 범할 가능성이 크다. 그러므로 총 파이 극대화 주장은 삼가는 것이 바람직하다. 그 같은 주장은 벤담(J. Bentham)의 공리주의(功利主義)를 따르는 것이기 때문이다. 경제학의 관점에서 강조하는 공리주의란 사회의 모든 사람들의 만족을 합한 것이 사회 만족도의 지표가 된다는 것으로 단순화시킬 수 있다. 그런데 벤담은 평생 그 말의 옳음을 증명하려고 했지만 끝내 실패하였다.

공리주의의 문제는 출발점인 만족도의 측정부터 불가능하다는 데 있다. 각 개인의 만족도를 동일한 기준으로 측정이 가능해야 전체를 합하든지 말든지 할 텐데, 그 기준 설정이 불가능하다. 설명이 재미없을지 모르겠으나, '0' 수준의 만족도가 각 개인별로 같아야 하는데, 그게 그렇지 않다는 것이다. 예를 들면 온도가 측정 가능한 이유는 기준점인 '0'도의 온도 수준이 모든 개인마다 동일하게 적용되기 때문이다. 길이나 무게 역시 기준점이 동일하게 적용된다.

결국 벤담은 사과 개수와 배 개수를 합하려 한 바보짓을 했다. 사과 1개와 배 1개를 합하면 몇 개인가? 2개인가? 그것은 원래 합할 수 없다. 벤담은 죽을 때까지 여기에 매달리면서 새로운 저술 작업에 몰두하였으나 결국 성공하지 못했다.

이게 공리주의의 실체다. 그런데 성장주의자들은 공리주의자들인 셈이다. 분배는 매우 불평등하여도 전체 파이가 커지면 사회 전체 만족도가 증가하고, 공리주의자들은 이를 바람직하다고 할 것이므로.*

그리고 소득 분배의 악화는 국내 경제력을 앗아간다. 소득이 몰려든 고소득층의 소비 성향이 낮아서 소비를 침체케 하는 것도 문제이지만, 고소득층은 소비를 수입품을 대상으로 하는 경향이 높기 때문에 국부의 유출을 초래한다. 수입 자체를 나쁜 것으로 볼 수는 없다. 그러나 현 상황을 내수가 침체되어 경기가 악화되는 것으로 본다면 수입의 증대는 내수를 더욱 침체시켜 경제를 악화일로로 치닫게 할 것이기 때문이다.

아무리 작은 것이라도 나눌 수 있다　그러니 이제 우리는 성장과 분배 문제에 대해서는 합의를 해야 한다. 루소(J. Rousseau)도 『인간 불평등기원론(주경복. 고봉만 옮김)』(책세상, 2005)에서 "인간이 자연 상태로 돌아갈 수는 없더라도 지나친 불평등이 존재할 때 그것을 고쳐 나갈 수는 있다"라고 하지 않았는가.

김만권이 『불평등의 패러독스』(개마고원, 2004)에서 지적하였듯이, 우리는 생산에서는 협동하나, 분배에서는 협동하지 않는 것 같다. 어쩌면 생산의 협동은 거의 강요 수준이다. 그러면서 분배에서는 협조하

---

* 물론 조금 더 들여다보면, 공리주의에서 측정하려고 한 것은 총 소득 자체가 아니라 총 소득에서 오는 만족도이다. 앞에서는 소득과 만족도가 비례한다고 가정하고 설명하였다. 그러나 경제학의 금과옥조(金科玉條)인 '한계 효용(=만족) 체감의 법칙'을 적용하면 저소득층 소득의 한계 효용(=만족)은 크고 고소득층 소득의 한계 효용(=만족)은 작다. 그러므로 고소득층보다 저소득층에게로 소득을 배분하면 사회 전체적으로 늘어나는 만족도가 더 커질 것이므로, 공리주의에 따르더라도 소득 분배는 개선되어야 한다는 결론을 얻을 수 있다. 그러나 고소득자가 돈을 자주 써 보았기 때문에 돈을 어떻게 써야 하는지를 잘 알므로 돈을 가치 있게 써서 만족도를 높인다고 볼 수도 있다. 그렇다면 소득 분배가 악화되는 것이 사회 전체 만족도 개선에 바람직하므로 공리주의적 사고에 충실하면 소득 분배를 악화시킨다고 볼 수도 있다.

지 않는다면 공평하지 않은 일이다.

부조화한 것은 추하고 추함으로 인해 해를 끼치므로 악하다. 불균형 역시 추하고 추함으로 인하여 해를 끼친다. 조화와 균형은 정의가 아니다. 부조화와 불균형을 바로잡는 자연스러움의 추구이다.

성장은 자연스러워야 한다. 허리와 다리 모두 처음부터 균형을 유지하며 동시에 자라야 한다. 성장의 과정에서 각자의 몫을 자연스럽게 분배하라. 더 크기 위하여 나중에 분배한다는 말은 모두 거짓이다. 가진 것이 없어 빈껍데기인데 어떻게 분배하라고 하느냐는 엄살은 이제 그만두자. 아무리 적어도 적기 때문에 분배 못할 것은 이 세상에 하나도 없다.

2 성장과 분배, 그 근원에 서로 다른 생각이 있다

맹자의 성선설　지방화에 관심을 가지면서 중앙과 지방의 갈등, 지방과 지방의 갈등, 가진 자와 못 가진 자와의 갈등 등을 많이 지켜보았다. 이 책 곳곳은 '나는 왜 태어났나'에 대해 답을 모색하는 과정이다. 내가 남에게 도움이 되지 않는다면 내가 이 세상에 태어날 이유는 없다는 것이 나의 지방화 논리고, 균형 발전 논리며, 복지에 대한 논리다. 남이 튼튼해야 내가 튼튼해지고 우리가 튼튼해진다는 극히 단순한 진리가 비집고 들어갈 틈이 전혀 없는 세상 인심을 겪었다. 그러면서 절망했다. 이 절망으로 인하여 나는 이 세상 개체의 존재 이유에 대해 생각하는 버릇이 생겼다.

그러나 나의 이 절망을 달래준 것이 있었다. 바로 맹자(孟子)의 성선설(性善說)이다. 어떤 왕이 제사의 제물로 바쳐지기 위해 울며 끌려가는 소를 보고 측은하여 양으로 제물을 바꾸라고 하자 맹자가 그 왕을 칭찬한 일이 있었다. 이를 본 제자들이 왜 소는 불쌍하고 양은 불쌍하지 않느냐고 의문을 표시하자 맹자는 다음과 같은 요지로 답한다.

"눈 앞에서 우물에 빠지는 소년을 보고 구하고자 하는 것은 다른 이해 관계를 떠나서 원래 가지고 있던 인성에서 측은한 마음이 우러나기 때문이다. 눈에 보이지 않는 양보다 눈에 보이는 소를 측은하게 여김은 그저 인간의 본성일 뿐이다."

사람들은 이런 맹자의 사상을 성선설이라고 부른다. 나는 맹자의 이 설명을 듣고 모든 것을 자기 중심으로 생각하는 인간 본성의 일부를 이해하였다. 내가 지방화를 부르짖는 동기도 내 눈 앞 지방의 처참한 현실에 측은한 마음이 일어서일 게다. 친(親)기업적인 정책을 주장하는 분들도 그 분들 눈 앞 기업들의 현실이 어려워 측은한 마음이 일었기 때문일 게다. 서울 사람들이 지방 분산에 반대하는 이유도 지방 분산으로 어려워질지 모르는 주변 사람들이 측은해서 그러는 것일 게다. 각 지방의 사람들이 다른 지역은 아랑곳하지 않고 자기 지역만 열악하다고 울부짖는 것도 주변의 어려운 사람들이 측은해서일 게다. 그래서 나는 자기가 속한 집단 위주로만 생각하는 사람들에 대해 이제는 분노하지 않고 이해의 눈으로 바라본다.

그러나 사람들은 자기 집단 위주의 심성에 젖다 보면 사리판단(事理判斷)의 기준을 자신에게 유리하게 설정한다. 자기 집단 위주로 생각하는 인간의 심성을 이해한다고 하여 오로지 남을 핍박하고 자기만 살려고 하는 생각까지 온전히 받아들일 수는 없는 일이다.

성장과 분배 갈등의 근원 나는 우리나라에서 벌어지고 있는 성장과 분배 간의 갈등도 이런 맥락에서 이해될 수 있다고 생각한다. 성장으로 유리하게 되는 집단과 분배로 유리하게 되는 집단이 서로가 자신에게 유리한 기준을 가지고 논쟁에 참여한다. 논쟁의 객관적 기준이 없이 자신만의 기준을 가지고 이야기를 하면 서로가 자기 확신에 찬 말만 늘어놓고 상대방 말에 분노만 할 뿐이다. 그러니 갈등의 골은 점점 깊어만 가고 해결의 실마리는 보이지 않는다. 마침내는 문제를 '타결(妥結)' 하는 것이 아니라 나도 조금 양보, 너도 조금 양보하는 적당한 '타협(妥協)' 으로 얼버무리니, 서로가 불만이고 분쟁은 다시 계속될 수밖에 없다.

성장 우선론을 주장하는 사람들의 첫째 판단 기준은 경제적 파이의 크기다. 그리고 둘째 기준은 선성장(先成長) 후분배(後分配)가 파이를 키운다는 것이다. 그리고 이들이 이렇게 말하는 전제 조건은 자신들의 부(富) 획득 과정이 정당하다는 것이다.

반면, 분배를 주장하는 사람들의 첫째 판단 기준은 부(富) 획득 과정의 정당성이다. 그리고 둘째 기준은 선성장(先成長) 후분배(後分配)가 반드시 파이를 키우지는 않는다는 것이다. 그리고 이들이 이렇게 말하는 전제 조건은 현재 기업들의 성장 과정을 윤리적이라고 생각하지 않는다는 것이다.

이런 이야기를 하자면 베버(M. Weber)가 등장하지 않을 수가 없다. 베버가 『프로테스탄티즘의 윤리와 자본주의 정신(사회과학논총 베버편, 양회수 역)』(을유문화사, 1983)에서 말한 몇 구절을 인용해 보자.

"상층 근대 기업의 수뇌부들은 현저히 프로테스탄트적인 것이었다, 목사의 가정에서 자본주의의 위대한 기업가가 나왔다는 것도 금욕적 교육에 대한 결과다, 정직은 신용을 가져오기 때문에 유익하다, 시간 엄수·근면 절약도 마찬가지다, 남부 유럽이나 아시아 제국의 수공업자의 황금욕은 몰염치하다, 황금욕이 몰염치한 국가에서는 자본주의가 낙후한 것이 특징이다, 노동자의 양심 부족이 자본주의 발전을 저해하였다, 자본주의에는 몰염치한 기업가는 필요로 하지 않는다."

그의 말을 종합하면 프로테스탄트적인 엄격한 윤리 의식이 자본주의를 발전시켰다는 것이다. 돈 그 자체밖에 모르는 몰염치함을 가지고는 자본주의를 발전시킬 수 없다는 것이다. 그리고 그 책 곳곳에서 하나님의 소명 의식을 지칭하는 '직업상의 의무'를 언급하고 있는데, 이처럼 자신이 하는 일을 단순히 돈 때문이 아니라 하나님에 대한 의무로서 수행하는 엄격함이 자본주의를 발전시키는 것이라고 강조한다.

그런데 그의 말에 의하면 아시아 국가의 황금욕은 몰염치하다고 언급하고 있어 전 아시아인들을 분노케 하였다. 그리고 이에 대한 비판이 아시아인들의 베버 비판의 주류를 이루는데, 동양학자들은 아시아인들에게도 근면 절약의 정신이 있고 누가 보든 안 보든 열심히 일하는 '신독(愼獨)'의 정신도 있다는 등의 주장들을 한다. 사실, 근검 절약의 정신에서 보자면 우리나라 기업가들이 서구 사회의 그들보다 결코 뒤진다고 생각되지는 않는다.

동양과 서양의 이런 차이에 대해 논증할 여력은 없다. 다만, 문제의 핵심은 프로테스탄트적인 덕목 중에서도 근면 절약 이외에 정직이라는 덕목에 대해 우리가 얼마나 자신이 있는가 하는 점이다. 정직이 황금욕에 가려져 우리나라 기업들의 신용이 상실된다면, 베버가 지적했듯이 정직은 신용을 가져오기 때문에 유익하다는데, 다른 나라 사람들뿐 만 아니라 우리나라 사람들도 우리나라 기업·자본가·부자에 대해서 그들의 부를 축적한 과정의 정당성을 믿지 못하고 성장과 분배 논쟁에서 분배의 편에 서게 될 수밖에 없지 않은가.

그러나 성장주의자들은 기업가나 부자들의 부(富) 획득 과정을 정당하다고 믿고 있다. 그들은 프로테스탄티즘의 덕목 중에 근면, 검약, 성실에 유독 가치를 부여하며 자신은 그렇게 살았으니 정당하다고 말하는 것이다. 그러면서 자신이 살아온 과거를 회고하면서, 자신은 그때 그렇게 검소하게 살았고 그리고 지금도 검소하게 살고 있으니 자신의 부 축적 과정이 얼마나 정당한 것인가를 말하면서 스스로 도취하는 것이다. 자신의 노력 자체를 정당성의 근거로 삼는다. 그리고 이에 더하여 우리가 열심히 일하여 경제를 성장시켜 분배할 파이를 쌓아 노동자들을 배불려 왔는데, 이 얼마나 자랑스러운 일이냐고 한다.

이러한 언급은 일부분 타당한 면이 있다. 정직성을 제외하고는. 부동산 투기로 돈을 번 사람들도 자신들의 삶은 매우 검소할 수가 있고 자기 회사 직원들의 월급을 주고 있기 때문이다

반면, 분배주의자들은 우리나라 기업가들이나 부자들의 윤리성을 부정한다. 부의 획득 과정을 정당하다고 인정하지 않는다. 그러니 정당하지 않는 방법으로 벌어들인 것을 환원하라고 말한다. 우리나라 재벌들처럼 국가의 개입으로 인해 많은 돈을 벌어들인 것은 정당하지 않

는 방법의 하나라고 본다.

　사실 분배주의자들의 이런 주장은 노직(R. Nozick)과 같은 자유주의자들에게서 나온 것이다. 부의 원초적 취득 과정에서 소유권자로부터 정당하게 이전되지 않았다면 그로부터 일부 개인의 권리 침해가 발생한다. 자유주의자들은 시장과 기업의 자유를 부르짖는 사람들이기 때문에 있는 자들의 편에 서 있다고 알려져 있다. 하지만 자유를 구속당하여 권리를 침해받는 자의 편이기도 하다. 권리 침해는 자유를 구속하는 것이므로 있을 수 없기 때문에 그 권리 침해를 환원하라고 주장한다. 따라서 이 주장은 자유주의자들의 입장을 우리나라의 분배주의자들이 반복하는 것이다.

　그러므로 성장주의자들은 대개 시장과 기업의 자유를 옹호한다는 차원에서 자유주의의 입장을 따르지만, 권리 보호 측면에서의 자유주의자들의 입장에는 동조하지 않는 것 같다. 우리나라의 성장주의자들은 시장의 자유를 옹호하는 자유주의를 따르며 시장의 자유를 위해 정부의 간섭과 규제를 철폐하여 작은 정부가 되라는 주장을 강력하게 한다. 그러면서 또 한편으로는 강한 정부가 아니면 할 수 없는 각종 특혜를 요구하고 있으니 아이러니다.

　반면 우리나라의 분배주의자들은 시장을 부정하지 않는다. 시장의 자유를 부정하지 않는다는 말이다. 왜냐 하면 시장에 참여한 정당한 대가를 요구하고 있기 때문이다. 시장을 인정하되 '카이저의 것은 카이저에게로'의 분배 원칙을 지키라는 것이다. 그러나 시장의 대주주가 가진 자들이므로 가진 자들에 의해, 가진 자들을 위해 시장이 작동되는 것을 우려하여 정부의 개입을 요구하기도 한다.

다르고 같은 성장주의자와 분배주의자　이상의 논의를 종합해 보면 시장과 기업의 자유로 부의 축적을 바라는 성장주의자들은, 자유주의가 시장과 기업의 자유를 옹호한다는 점에서, 자유주의자들이다. 잘못된 부의 축적 과정에서 소외된 권리 회복을 원하는 분배주의자들은, 자유주의가 부의 원초적 취득 과정을 중시하고 이 과정에서 자유의 침해를 인정치 않는다는 점에서, 자유주의자들이다. 정부로부터 개혁의 요구 같은 간섭을 원치 않는 성장주의자들은, 시장주의가 정부의 간섭을 배제한다는 면에서, 시장주의자들이다. 시장의 참여 과정에서의 정당한 몫을 요구하는 분배주의자들은, 시장주의가 투명성을 요구한다는 점에서, 시장주의자들이다.

한편 성장을 위해서 지금 당장의 분배를 유보하자는 성장주의자들은, 자유주의가 부의 원초적 취득 과정을 중시하고 이 과정에서 자유의 침해를 인정치 않는다는 점에서, 반(反)자유주의자들이다. 시장이 가진 자들의 입맛대로 운영되는 것을 정부가 막아주기를 바라는 분배주의자들은, 자유주의가 시장의 자유를 옹호한다는 점에서, 반(反)자유주의자들이다. 성장을 위해서는 지나친 개혁을 원치 않는 성장주의자들은, 시장주의가 투명성을 요구한다는 점에서, 반(反)시장주의자들이다. 시장을 가진 자들이 주도하지 못하도록 정부가 역할을 해주었으면 하는 분배주의자들은, 시장주의가 정부 간섭을 배제한다는 점에서, 반(反)시장주의자들이다.

결국 성장주의자나 분배주의자 모두 자유주의자, 반(反)자유주의자, 시장주의자, 반(反)시장주의자가 가지는 요소를 모두 가지고 있다. 그러니 성장주의니, 분배주의니 하는 말들이 대체 무슨 소용이라는 말인가.

갈등에 종지부를 찍고 상생의 길에 서자　이렇게 성장과 분배의 갈등은 서로 강조점만이 다를 뿐이다. 그러니 서로 싸워 무슨 결말이 나겠는가. 서로 자기가 하고 싶은 말을 위해 이렇게 강조하고 저렇게 강조할 뿐인데. 하지만 나의 소견으로는 성장의 과정에 참여한 사람들이나 집단 또는 지역의 몫을 과실이 발생한 시점에서 분배하면서 간다면 큰 충돌은 없을 것이다.

다만 성장의 과정에 전혀 참여할 수 없는 집단이나 개인에 대해서는 부를 축적한 집단이 부의 축적이 가능하도록 만들어준 사회에 대해 일종의 감사 표시로 내놓는 헌금을 가지고 사회가 돌보도록 하면 되지 않는가 생각한다.

나를 있게 한 지역 사회나 사회에 대해 우리는 보답을 해야 한다. 가령 나는 광주대학교로부터 월급을 받는데, 광주라는 지역 사회와 대한민국이라는 나라가 없으면 내가 어찌 월급을 받을 수 있겠는가. 그러니 나는 광주라는 지역 사회와 대한민국에 헌금을 바쳐야 한다. 그래서 나는 사회를 위한 각종 사회 활동으로 그 헌금을 바치고 있는 중이다.

3 절망에서 희망으로
(에필로그를 대신하여)

번개의 목표는 한국 최고의 중국집 사장　　몇 년 전 '번개'라 불리는 자장면 집 배달원이 있었다. 농촌에서 태어난 그는 가난의 절망 속에서 야간 열차를 타고 서울로 무작정 상경하였다. 서울에 도착한 그는 앞으로 무엇하고 살아갈지 난감하였다. 그러던 중에 어느 중국 음식점에서 사람을 구한다는 전단지를 보고 찾아가 그곳에서 서울 생활을 시작하게 되었다.

열심히 일을 하던 그는 주변 동료들의 생활 태도에서 한 교훈을 얻는다. 주변의 동료들은 어쩔 수 없이 이 일을 하지만 언젠가는 반드시 다른 멋진 일을 하겠다고 다짐을 하곤 했다. 하지만 그 다짐의 결과는 자신들의 현재 하는 일에 대한 멸시와 불성실함으로 나타나고 있었다. 이 같은 동료들의 태도에서 그가 얻은 교훈은 우선 가능한 목표부터 세워아 한다는 것이있다.

그가 세운 목표는 한국에서 가장 좋은 중국집 사장이 되는 것이었다. 한국 최고의 중국집 사장이 되기로 목표를 세우자 그에게는 그 전에 없던 지혜가 생겨났다. 내가 사장이라면, 한국에서 최고의 중국집이라면 어찌해야 하는가에 대한 답이 술술 나오더라는 것이다. 자장면은 만들자마자 먹어야 맛이 있다. 배달시간이 길어지면 면이 굳어 맛이 달아나 버린다. 자장면 맛을 지키는 비결은 빨리 배달하는 것이다. 그는 음식점 근처의 지리를 철저히 파악하고 근처 사무실 건물까지, 건물 내에서 사무실까지 가장 빠른 시간에 갈 수 있는 방법을 강구했다. 그의 별명은, 빠르다 하여, 번개가 되었다.

모 대학교 옆 음식점에서 배달을 할 때는 '교수에게는 빠른 배달, 학생에게는 많은 양' 이라는 모토를 정했다. 소비자의 특성에 따라 차별화한 것이다. 반응이 아주 좋았다. 당시 중국집에서는 커다란 8각 성냥통을 판촉물로 주는 것이 유행이었다. 식사 시간에 전화를 걸어 음식을 주문하는 사람은 사무실의 여직원이었는데, 이 여직원들이 커다란 성냥통을 좋아할 리 만무했다. 판촉물은 여성용 스타킹으로 바뀌었고 여직원들이 아주 좋아했다.

중국집에서 단체로 음식을 먹고 난 후 거의 항상 서비스로 나오는 게 있다. 바로 군만두다. 음식을 잔뜩 먹어 배가 부른 상태에서 받는 군만두 서비스는 하나도 반갑지 않다. 서비스를 '백알' 로 바꾸었더니 인기 폭발이다. 젊은 남녀 한 쌍이 음식을 시키는데 자장면과 짬뽕이다. 자장면을 먹으면서 짬뽕 국물을 떠먹는다. 자장면의 느끼함을 짬뽕 국물로 달래는 것이다. 그래서 자장면에 서비스로 주는 국물을 계란 국물에서 짬뽕 국물로 바꾸자고 제안했다.

이 번개라는 친구에게 그 숱한 아이디어를 생각나게 한 동인은 장차 중국집 사장이 되겠다는 목표를 설정한 것이었다. 사장의 입장에서 보니 전에 보이지 않던 숱한 것들이 보였고, 그것들을 실천하여 드디어 그는 중국집 사장이 되었다.

왜 다른 중국집 사장들은 성공하지 못하나 번개는 성공하였다. 사장이 되고자 하여 노력하더니 사장이 되었다. 그런데 이 세상 중국집 사장은 많고도 많은데, 왜 그 많은 중국집 사장들은 번개와 같은 성과를 내지 못할까? 목표가 다르기 때문이다. 다 그렇지는 않겠지만, 성공하지 못한 중국집 사장들의 목표는 최고의 중국집을 만드는 것이 아니라 돈을 버는 데 있는 경우가 많다. 돈을 버는 데만 집착하면 사람들은 원가 절감에 매달린다. 음식 재료는 가능하면 싸게 구입하고, 종업원 월급 역시 가능하면 적게 주며, 종업원의 고용을 최소로 하는 등 원가를 절감하느라 여념이 없다. 남는 것은 고생이고 돌아오는 것은 쥐꼬리만한 수입이다.

성공하지 못하는 사장들에게 결여된 것이 또 하나 있다. 사명감이다. 내가 이 세상에서 가장 좋은 중국집을 만들어 손님들에게 최상의 음식을 제공하겠다는 사명감이다. 내가 중국집을 하지 않으면 우리 동네 사람들이 맛없고 값비싸고 유해 첨가물이 들어간 음식을 먹을 텐데, 만일 내가 중국집을 하지 않았으면 어떡할 뻔 했느냐라는 정신이 바로 사명감이다. 사명감이 있었다면 그들도 최고의 중국집 사장이 되겠다는 목표를 세웠을 것이다. 다행히 '번개'에게는 최고의 사장이 되겠다는 목표가 사명감 없이도 생겨났지만, 그런 사명감이 없어 목표가 생겨나지 않는 경우에는 사명감을 가져야 한다. 그래야 인생의 목표가 생긴다.

그럼, 사명감은 어떻게 해야 생기는가? 주변을 사랑해야 한다. 내가 사는 동네를 사랑하고, 내가 사는 지역을 사랑해야 한다. 내가 우리 지역과 지역 사람들을 사랑하는데, 건강에 좋고 값싸고 맛있는 음식을 주고자 하는 사명감이 일지 않겠는가 말이다.

사랑은 어디서 오는가? 사랑은 이해로부터 온다. 내가 남을 이해할 때 사랑이 온다. 너와 내가 모두 이해하였는데 어찌 사랑이 오지 않겠는가. 동네를 이해하고, 지역을 이해하면 동네와 지역에 대한 사랑이 찾아온다.

이해는 어디서 오는가? 이해는 만남에서 온다. 교류하고 부대끼다 보면 이해하는 마음이 반드시 생긴다. 생각이 다르다고, 신분이 다르다고 멀리하지 말고 주변의 모든 사람과 만나 그들을 이해하라.

만남은 어디서 오는가? 만남은 의지에서 온다. 만나서 이해하고 사랑하고, 사랑해서 생긴 사명감으로 너와 나의 지금보다 더 나은 곳으로 옮겨놓으려는 강한 의지가 필요하다.

왜 나를 개선하려는 의지가 필요한가? 주변에 대한 사랑 때문이다. 주변에 대한 사명감 때문이다.

니체는 우리에게 초인이 되라고 한다 나는 이 강력한 의지의 필요성에 이르러 니체(Nitze)를 만났다. 니체는 나를 개선하려는 의지를 '힘에의 의지'라 불렀다. 내가 더 나아져 힘을 가져야 사랑과 사명감을 실천할 수 있다. 그러나 이 의지는 늘 현실에서 짓밟힌다. 나 개인의 의지도 짓밟히고, 우리의 지역이 더 개선되고자 하는 의지도 짓밟힌다. 이때 니체는 말한다.

"괴로운 현실에서 도망가지 마라. 나를 이기는 강자를 증오하지 마라. 강자를 증오하며 현실에서 도망쳐 숨어버리면, 숨은 그곳은 천국일 줄 아느냐? 그러니 괴로운 현실에서 도망치지 않고 현실을 의연히 받아들이는 초인이 되라."

인생은 현실을 개선하려는 의지 → 그 의지의 현실에서의 좌절 → 현실 도피하고 싶은 욕구 → 현실 개선 의지가 영원히 반복된다. 돌고 도는 인생이니 지금 이 순간이 모든 것이다. 그러니 도망가면 무엇 하겠는가? 이것이 바로 이 순간 최선을 다해 열심히 살아야 할 이유이다.

실용주의 철학과의 만남 이렇게 나는 니체를 만남으로써 어려운 지방의 현실에서 도망가지 않을 수 있었다. 그리고 이 순간을 모든 것으로 여기며 열심히 살아가도록 설득을 당했다. 이제 남은 것은 이 순간을 열심히 살아갈 에너지를 얻는 방법이다. 도대체 어디서 그 에너지를 얻을 수 있을까? 그 에너지를 찾아헤매는 중에 드디어 나는 퍼스(C.S. Peirce), 제임스(W. James) 같은 실용주의 철학자들을 만났다.

실용주의란 우리에게 매우 낯익은 단어지만, 실제로 이익이 되는 것을 중시하는 이야기쯤으로 잘못 전해졌다. 실용주의는 구체적인 사실로서 개념을 설명하는 사상이다. 단단하다는 것은 어떤 물체로 다른 물체를 긁어 다른 물체에 흠집을 만들 때 그 어떤 물체를 단단하다고 한다. 뜨거운 것을 알려면 뜨거운 물체에 손을 대보라고 한다.

진실이란 내 인생에서 실제적 효과를 갖는 것을 말한다. 일터를 재미있다고 생각하면 재미있다는 것이 진실이다. 내 인생을 성공한 인생으로 생각하면 내가 성공했다는 것이 진실이다. 나의 성공을 진실로 만들고 싶으면 먼저 나의 성공을 믿어라. 어떤 일이 가능하다고 생각하면 그 어떤 일을 할 수 있다. 그렇게 믿으면 그 믿음을 실천하기 위해 필요한 것을 준비하고 그 준비를 실천하기 위해 노력하게 된다. 그런 노력으로 그 신념을 실현시키는 것이다.

서점에 쏟아져 나오는 '할 수 있다(CAN DO)' 관련 서적은 모두 이 실용주의 철학을 반영한 것이다. 세계 대공황을 당해 미국의 루스벨트 대통령이 우리는 이 어려운 현실을 반드시 극복할 수 있으니 함께 힘을 합쳐 극복하자고 외친 배경에도 이 실용주의 철학이 있다. 우리나라의 지방, 낙후 지역의 돌파구도 이 실용주의 철학에서 찾아야 한다.

절망의 지방에서 희망의 지방으로 우리의 지방은 어렵다. 지금도 지방의 물자는 서울로 빠져나간다. 우리가 어찌 이 현실을 개탄만 하고 있을 것인가. 우리의 목표는 이 낙후한 사막과 같은 지방을 푸른 나무 우거진 풍요의 땅으로 만드는 것이다. 그 풍요의 땅을 믿어라. 믿으면 그 믿음을 실천하기 위한 노력이 저절로 나올 것이다. 노력은 우

리의 신념을 현실로 만들어준다. 신념이 현실이 되면 절망은 희망이
된다. 생각만으로도 벅차다. 절망의 지방이 희망의 지방이 되어 세계
로 뻗어나가니.

이제 끝마칠 시간이다. 이 책을 절망에서 희망이 될 우리의 지방에
바친다.